理解他者　理解自己

也

人

————

The Other

ULTIMATE PRICE

人命如何定价？

美国社会衡量生命价值的迷思与不公

**** THE VALUE WE PLACE ON LIFE ****

[美] 霍华德·史蒂文·弗里德曼　著
HOWARD STEVEN FRIEDMAN

方宇　译

上海书店出版社
SHANGHAI BOOKSTORE PUBLISHING HOUSE

目 录

1　　　第一章　　要钱，还是要命

8　　　第二章　　双子塔倒下时

41　　　第三章　　国王、庶民不同罪

70　　　第四章　　你的水里多点砷

99　　　第五章　　利益最大化的代价

129　　　第六章　　"我真想像祖父那样死去"

148　　　第七章　　再年轻一次

178　　　第八章　　我们生得起孩子吗？

203　　　第九章　　失灵的计算器

228　　　第十章　　接下来是什么？

240　　　注　释

293　　　延伸阅读

295　　　致　谢

第一章
要钱，还是要命

一名癌症患者申请接受最新的化疗方案，但遭到了拒绝，理由是该方案每月的花费在 3 万美元以上。我们应该考虑这名病人是诺贝尔奖获得者、杀人犯、富有的公司首席执行官，还是高中辍学生吗？

在两起谋杀案中，两名犯罪嫌疑人都被定罪。一起案件的受害者是一名家境殷实的中年母亲，有三个孩子；另一起案件的受害者是一个贫穷的年轻人，还是非法移民。这两起谋杀案的凶手的刑期应该一样吗？

饮用水中砷含量的标准，取决于更严格的法规能够挽救的（每条）生命的货币价值。虽然评估生命价值是政府专家的工作，但我们不能认为这只是技术专家的责任。我们许多人在生活中已经做出过与此相关的决定，比如，你的保险经理可能会问你："如果你明天去世，你的家人需要多少钱？"

做过羊水穿刺的孕妇都知道，检查结果可能会影响她是继续怀孕，还是流产。你也可以想象这样的场景。一个小男孩跑到马路上，汽车呼啸而过。这时你会冲上去救他吗？这个决定反映了你如何评估你和他的生命的相对价值。

上面的每个例子都直指一个看似简单，但其实极具欺骗性的问题："人命值多少钱？"这个问题之所以具有欺骗性，是因为许多人发现他们说不出他们愿意花多少钱来挽救一个陌生人、一个朋友、一个爱人、一个孩子乃至他们自己的生命。[1]答案之所以复杂，是因为我们给生命贴上的价格标签反映了我们更看重什么。这些价格标签是我们所定义的公正的标志，受经济学、伦理学、宗教、人权和法律的影响。我们的价值观既体现在计算价格标签的方法上，也体现在价格本身。

评估生命价值的方法取决于估算成本是为了什么，成本究竟代表什么，以及估算成本的人是从什么视角出发的。一个人在估算如果自己意外死亡，家人需要多少钱才能维持现有生活方式时，其目的和视角自然与政府试图弄清楚为了防范环境风险的增加，应该将多少条生命纳入计算时的目的和视角不同。而后者的目的和视角，又与一家公司试图弄清楚应该花多少钱来改良产品或提高工人的安全保障时的目的和视角不同。由于目的和视角不同，人们使用的计算方法自然不同，最终得出的价格标签也不同。

本书将使用大量实例来解释几个关键问题：（1）人的生命经常被贴上价格标签；（2）这些价格标签对我们的生活有重大影响；（3）这些价格标签往往既不透明，也不公平；（4）缺乏公平的影响极大，因为与价值更高的生命相比，价值被低估的生命往往得不到保护，更容易被置于风险中。

许多人没有意识到，在生活中，我们的生命不断被贴上价格标签。我们往往不知道或无法理解，我们做出的许多最重要的决定，与我们对自己生命价值的计算或估算有直接关系。生命的价格标签几乎影响着与我们的生存息息相关的各个方面，从我们呼吸的空气到我们吃的食物，再到我们赚的钱。它们影响着我们每天做出的如何花费时间和金钱的决定。这些价格标签推动着我们的政治决策，比如，应该发动战争，还是寻求和平解决。它们影响着刑事审判和民事审判中赔偿金的判决。它们影响着个人决定，从人寿保险到医疗保险，从教育投资到堕胎。它们影响着我们在生命各个阶段的决定，从生育到推迟不可避免的死亡。从我们被孕育的那一刻起，这些价格标签就一直在影响着我们。即使死后，我们对自己生命的标价仍将继续影响活着的人。

当我们说为人的生命贴上价格标签或赋予价值时，我们到底在说什么？价格标签的作用是给物品标价。[2]虽然我们通常认为价格标签不适用于人的生命，但本书将证明，人的生命经常被折算成金钱。我们将回顾经济学家、金融分析师、监管者和统计学家如何为生命贴上价格标签，同时审视这些方法的一些关键假设和局限。

生命价值是一个比价格标签显示的金额更广泛的话题。价值既可以指货币价值，也可以指"某件物品的重要性、意义、效用"或"一个人对生活中什么重要、什么不重要的判断"。[3]这些广义的价值概念，既体现在我们个人的决定中，也体现在社会的决策中。本书将同时使用价值的这些不同定义，既包括用货币表示的价格标签，也包括无法用货币表示的重要价值。

如果要审视生命价值是如何确定的，我们就要明确探讨的范畴。最极端的情况是确定生育和死亡的价值，这既包括个人的决定，也包括社会根据不同生命的相对价值做出的决策。其次是确定健康的价值，健康是决定生活质量的一个重要因素。再次是决定如何利用我们的时间。

确定死亡的货币价值的例子包括支付给"9·11"事件受害者家属的赔偿金、民事意外死亡赔偿金、对"救命药"的限价，以及由于更严格的监管而挽救的生命的经济收益。在更个人的层面上，生命的价格标签包括生育和抚养孩子的费用、购买多少人寿保险的决定等。生命和死亡的非货币价值体现在法律判决中，例如对谋杀案和交通事故致死案的犯人的惩罚。

不同人（比如，一名富有的歌手、一位著名的政治家和一个无亲无故的流浪汉）的死引发的关注度和社会的回应大不相同，我们可以从中了解社会如何估算生命的相对价值。堕胎是否合法，你会为谁牺牲自己的生命，这些都可以归入对生命的相对价值的讨论。

估算你的生命质量的价值，比评估你的生命价值的难度稍低。估算生命质量的货币价值的案例包括支付给"9·11"事件伤者的赔偿金、对伤害案和过失致残案的受害者的民事判决、对含冤入狱者的经济赔偿，以及一项降低某种疾病发病率的新法规的经济收益。

最后是关于如何使用时间的决定。将生命价值纳入个人决策的例子包括我们的就业选择和我们对生活方式的选择。

这些价格标签不仅几乎无处不在，而且常常是不可避免的。医疗决策往往是在对盈利状况和负担能力的评估的基础上做出的。保险公司认为这套治疗方案划算吗？病人负担得起自费的费用吗？人们有必要了解一个基本事实，即如果不考虑成本和预期的健康收益，任何卫生系统都难以为继。

这个道理同样适用于父母。如果不考虑抚养孩子的成本，父母可能连家庭基本必需品都买不起。在某些情况下（比如做成本效益分析时），价格标签是明确的。在其他情况下，价格标签并不明确，我们需要刨根问底，找出隐含的假设。

如果要求一家公司安装所有想象得到的安全设备，那么这家公司迟早会倒闭。公司往往依靠成本效益分析来做出决策。与菲利普·莫里斯公司致癌的香烟、通用汽车公司存在故障的刹车系统和联合碳化物公司在印度博帕尔造成的毒气泄漏事件相关的死亡，都被贴上了价格标签。[4] 在公共领域，不管从经济上还是技术上看，杜绝污染都是不可能的，监管部门必须规定每种有毒物质的标准限值（某物质含量的最大允许值）。这个标准取决于实施某项法规需要多少成本，可减少多少死亡，减少死亡何时发生，以及每个失去的生命的货币价值。如果不考虑某项环境法规的收益，那么企业可能蒙受损失，而公众得到的收益也可能微乎其微。

虽然生命不断被贴上价格标签，但很少有人知道它们是如何产生的。经济学家、监管者、商业分析师、医疗卫生系统和保险公司用来确定价格标签的方法，往往隐藏在技术语言和法律术语之下。这些方法和价格标签说明了我们社会的优先级，反映了我们的核心价值及我们对公平的定义。本书将为你介绍评估生命价值的方法及其意义。

仔细研究这些公式，人们很快会发现，由此得出的价格标签有时是不公平的，而这些不公平的价格标签却影响着我们的经济、我们的法律、我们的行为和我们的政策。这些价格标签充斥着性别、种族、国籍和文化偏见。它们对年轻人、富人、白人、美国人、有血缘关系的人的生命的标价，往往高于老年人、穷人、黑人、外国人和陌生人。"9·11"事件受害者赔偿基金向一些受害者家庭支付了25万美元，而另一些人则得到了700多万美元，后者几乎是前者的30倍。[5]不久前，美国环境保护署提出，老年人的生命价值应该比年轻人低得多。[6]司法体系屡次证明，罚金几乎完全由受害者的背景和身份决定。

本书将从多个方面介绍如何评估生命价值。我们的讨论从纯粹的货币价格标签开始，继而转向同时涉及货币和非货币价值的领域，最后将探讨生命的相对价值。

本书不是一部关于哲学、神学、法学、经济意识形态或具体政策的著作，而是将为读者介绍几种评估生命价值的方法，目的是使读者知道，即使不使用技术术语，人们也可以轻而易举地掌握评估生命价值的方法。更重要的是，鉴于这些价格标签在每个人生活中的重要性，不能只有少数技术专家讨论它们。我们必须了解这些价格标签，否则我们的生命价值很可能被低估，从而得不到足够的保护。

如果对评估生命价值的方法漠不关心，我们便很容易使我们的健康、我们的安全、我们的法律权利、我们的家人，最终使我们的生命陷入风险之中。只有掌握知识并保持警觉，我们才能确保所有生命都得到公平对待和充分保护。

第二章
双子塔倒下时

一说起 2001 年 9 月 11 日，每个美国人的脑海中立刻会浮现这样的画面：熊熊燃烧的双子塔；撞向五角大楼的飞机；美国联合航空公司 93 号航班的乘客高喊"我们上"，与劫匪做殊死一搏；双子塔倒塌，只留下灰烬与废墟。

当天，近三千人在这场美国本土最严重的恐怖袭击中丧生，世界各地数百万人受到影响。世界上几乎所有国家都对美国表示声援。大量平民死伤和大规模破坏的冲击跨越国境，竞争对手暂时搁置争议。在一个恐怖分子可以造成如此严重破坏的世界里，没有一个和平社会能够感到安心，没有一个政府能够允许如此残忍的犯罪行为不受惩罚。美国各个团体、政党、宗教、种族和民族团结了起来。人们的共识是，美国的安全必须得到保障。所有人都认为，正义终将胜利，关乎受害者的正义将得到伸张，恐怖分子及其教唆者将受到惩罚。正义属于受害者的家人和朋友。正义属于美利坚。

"9·11"事件受害者死前经历了极大痛苦。数百人在撞击后立即丧生，其他被困在五角大楼或南北两塔的人，或因吸入浓烟窒息而死，或在双子塔倒塌时被压死。勇敢的消防员、警察和其他英雄为营救被困者而牺牲。不过对于遇难者家属来说，死因并不重要。

9月11日突然逝去的生命，给死者的父母、子女、亲戚和朋友留下了永久的伤痛，他们每天都能感受到失去亲友的痛苦。饭桌旁的空座位、家庭团聚时消失的笑声和再也不会过的生日或周年纪念日，标志着永远无法完全愈合的情感伤疤。

但是，损失并不仅仅是感情上的。受害者一直在为自己和他人创造未来，他们的离去势必造成具体的、直接的损失。"9·11"事件受害者家属不仅失去了亲人，也失去了经济支持，再也没有人帮助支付每月账单、支付学校费用、照顾孩子和父母、储蓄退休金了。在现实世界里，家人离世带来的是情感和经济上的双重损失。

在这里，我虚构了四名受害者——里克、吉姆、阿尼塔和塞巴斯蒂安。[①] 我们可以通过观察他们的生活来更清楚地了解失去亲人的后果。

----

① 这四个人都是虚构的，只是为了方便读者理解。如有雷同，纯属巧合。——原注

里克是第三代意大利裔美国人，在斯塔滕岛 ① 长大。他和哥哥运动天赋出众，曾是高中棒球队主力，而且都是柔道黑带。里克是一名消防员，已经服役多年。2001 年 9 月 11 日，他接到紧急救援电话时正在休假。他赶到消防站，跳上一辆开往曼哈顿下城区的消防车。他和未婚妻苏茜原本计划 12 月在坎昆 ② 举行婚礼，苏茜刚刚发出请柬。里克和他的兄弟正在装修父母家的浴室，作为庆祝他们结婚四十周年的礼物。

勤奋、天资聪颖，再加上些许运气，吉姆的职业轨迹完全符合其父望子成龙的心愿。一些人听说他在达特茅斯学院获得了工商管理硕士学位（MBA），曾在高盛公司实习，还是其所在投资公司仅有的两名黑人合伙人之一时，会在他背后轻声说句"平权措施"（联邦政府与州政府制定法律，要求不分种族、民族、宗教、性别，为所有人提供平等机会）。吉姆努力工作，以证明说风凉话的人是错的。为了确保两个女儿能上最好的学校，练习弹钢琴，去马提尼克岛 ③ 消夏时学习插花，他甚至加倍努力。48 岁时，吉姆已经从七位数的年终奖中留出足够的钱，可以支付女儿们上私立学校、请家庭教师和上大学的费

---

① 美国纽约州纽约市的一个岛屿，位于曼哈顿以南的纽约港内，在新泽西州和布鲁克林之间。——译注
② 墨西哥著名国际旅游城市。——译注
③ 西印度群岛中的法属岛屿。——译注

用。根据他的遗嘱，迈阿密的公寓将归他的小女儿所有，大女儿将得到马提尼克岛的小别墅，他的妻子将继承布鲁克林高地①的大房子。

阿尼塔六年前持学生签证从印度尼西亚来到美国。父母的计划是，她在哥伦比亚大学读完本科，嫁给一名医生，在新泽西州买一套"麦氏豪宅"②，生三个孩子，然后他们会来美国帮她带孩子。而阿尼塔迷上了烘焙甜点，喜欢在纽约西村闲逛并爱上了她的美国室友阿什莉。大二结束后，她从哥伦比亚大学退学，开始在双子塔北塔的一家餐厅做兼职女服务员。她拒绝了企业高管的追求，周末到美国烹饪学校国际烹饪中心接受培训。阿尼塔和阿什莉计划从烹饪学院毕业后，在阿什莉的家乡匹兹堡开一家名为"双 A 精品蛋糕店"的小店。

6 岁的塞巴斯蒂安非常可爱，是母亲阿梅莉亚的快乐源泉。那天早上，他们在波士顿登上飞机，去看望塞巴斯蒂安的父亲，他在洛杉矶的贝莱尔乡村俱乐部工作。塞巴斯蒂安喜欢足球和棒球，有时会假装自己是进了制胜球的罗纳尔多，有时又假装是蹲着准备接快速球的伊凡·罗德里奎兹③。塞巴斯蒂

---

① 位于纽约市布鲁克林区的一个富人社区。——译注
② 这种房子通常建在郊区，面积大，追求炫耀的视觉效果，然而材料低劣，就像麦当劳巨无霸汉堡一样，因此得名。——译注
③ 波多黎各棒球运动员。——译注

安是他所在的足球队中的出色前锋，每当队友进球时，他会用比其他人都大的声音高喊"进了"。

这四个年龄、性别、种族、教育、国籍和财富差异极大的人，因"9·11"事件永远地联系在一起。他们是素不相识的陌生人，却在同一天死去，成为恐怖袭击的受害者。里克永远不会结婚，也不会完成父母家的装修。吉姆永远不会退休，也不会看着两个女儿长大成人。阿尼塔永远不会完成烹饪学院的培训，也不会开自己的蛋糕店。塞巴斯蒂安永远不会成为一名体育播音员，甚至不会过7岁生日。每个人都留下了未能实现的梦想，留下了永远无法实现的未来憧憬和计划，留下了因为他们的早逝而伤心欲绝的朋友和家人。

那天早上的袭击发生后，美国表示要立即做出回应。当全国上下都在寻求解释、安慰、保护和复仇时，国会通过了《爱国者法案》，并很快宣战。[1]

不久后，美国军人被送往阿富汗，国民警卫队随时待命。他们的家人感受到了"9·11"事件的短期影响，因为他们的亲人在遥远的地方躲避自杀式炸弹袭击，并试图收拾阿富汗和后来伊拉克的混乱局面。国会为这场含糊不清的"反恐战争"投入了数万亿美元的资金。[2]

居住在纽约州、华盛顿特区和宾夕法尼亚州废墟附近的美国人的生活，发生了翻天覆地的变化。受污染的空气、被封锁的区域以及不断出现的军人、调查人员、政府官员、媒体记者和警察，不时唤起他们关于恐怖袭击的记忆。

大部分美国人与"9·11"事件受害者没有直接关系，不住在袭击地点附近，也没有亲人参军。他们的生活很快恢复到"9·11"事件前的状态。道琼斯指数在几个月内便回升了。[3]虽然失业率略有上升，但对于大部分美国人来说，机场实施的新安检举措才是恐怖袭击和正在进行的战争的最显眼标志。[4]

然而，对于"9·11"事件受害者的家人和朋友来说，情感和经济缺失永远无法弥补。情感缺失是由于突然失去了一个永远不会被忘记的亲人。经济缺失是因为失去了受害者的收入，无法再得到他们的支持。许多受害者一直在赚钱，帮助增加家庭收入、支付账单和储存退休金。还有一些人长期从事照顾孩子、老人和其他被供养人这样的无偿劳动。一些人虽然是仍在上学的孩子，但他们终有一天会从事有偿或无偿的劳动。

"9·11"事件前所未有的破坏，促使联邦政府做出前所未有的回应。之前政府从未因恐怖袭击（如1995年的俄克拉何马城爆炸案、1998年的美国驻肯尼亚和坦桑尼亚大使馆爆炸案和1993年的第一次世贸中心恐怖袭击案）设立过国家赔偿基金，类似悲剧没有使政府从公帑中拨出一大笔钱，分给受最直接影响的人。如果换用本书的说法，此前的悲剧并没有促使政府为逝去的生命标价。

"9·11"事件的处理方式非常不同。航空业的经营困难和政府官员的协调，促成了《航空运输安全与系统稳定法案》的出台。[5]该法案在国会过关，并于2001年9月22日由布什总统签署生效。[6]政府为濒临崩溃的航空公司注入了数十亿美元资金，并为"9·11"事件受害者亲属在内的索赔人提供了数十亿美元赔偿金。这些资金的一个主要目的是保护公司免于财务破产。接受赔偿的家庭将放弃起诉任何可能有过失的组织的权利，这些组织包括航空公司、机场、保安公司和世贸中心。为了说服受害者家属接受赔偿，放弃起诉，国会将航空公司的经济责任上限定为60亿美元，并要求赔偿金符合民事侵权法的标准。[7]

肯尼思·范伯格被司法部部长约翰·阿什克罗夫特任命为"9·11"事件赔偿基金专员。[8]范伯格担任过联邦检察官，不仅是参议员特德·肯尼迪主持下的司法委员会的特别顾问，还因为调解了20世纪80年代"橙剂"诉讼案而跻身美国最优秀的仲裁员之列。范伯格的任务是为生命定价——确定由死亡或伤害造成的经济和非经济成本的价值。

他设计的公式包括非经济价值、被供养人价值和经济价值。每名受害者的非经济价值被设为相同的金额——25万美元。每名被供养人的价值也是相同的。如果受害者有配偶，则赔偿金增加10万美元，每增加一名被供养人再增加10万美元。[9]经济价值根据受害者的收入算出，因此差别很大。计算时，先根据受害者的预期终身收入、福利和其他收入算出一个值，然后再根据受害者的实际税率调整。公式考虑了受害者的年龄，他们预计还能工作多少年，以及随着时间的推移，他们的收入会增加多少等因素。范伯格先生将假定的年收入上限设为23.1万美元（这样做的目的是避免向最高收入者的家人支付巨额赔偿金），然后再从总金额中减去其他赔偿金，如人寿保险、养老金或死亡抚恤金。

非经济价值、被供养人价值和经济价值的总和，会根据医疗费和丧葬费上调。计算出一个数字后，这些家庭会收到一份提案。他们可以接受，也可以申诉。根据范伯格在《生命价值多少》（*What Is Life Worth?*）一书中所述，截至2004年6月提案过程结束时，97%的家庭同意接受总额高达70亿美元的赔偿金，每名死者的平均赔偿金约为200万美元。[10]最低赔偿金和最高赔偿金相差极大，最低赔偿金为25万美元，最高超过700万美元。一些人的生命价值几乎是其他人的30倍。

最低收入水平的受害者，即袭击发生时年收入低于2万美元的人，他们的生命价值为25万至220万美元，平均赔偿金额不到100万美元。最高收入水平的受害者，即年收入在22万美元以上的人，他们的平均赔偿金额约为400万美元。

里克、吉姆、阿尼塔和塞巴斯蒂安的生命被标上了不同的价格。

计算里克的生命价值并不容易。消防员和警察通常有副业收入，还有养老金。由于有遗属津贴、子女的社会保障福利，以及通过工作获得的其他保险和收入，他们的生命价值减少了。对于里克来说，这意味着他的生命价值的计算结果是125万美元（25万美元非经济价值加上100万美元经济价值）。100万美元的经济价值是用他损失的270万美元预期收入减去170万美元的消防员遗属津贴得出的。谁会得到这笔钱呢？他的父母和兄弟。他的未婚妻苏茜没有分到赔偿金，因为里克死时，她在法律上不是里克的家人。

吉姆的年收入超过收入公式规定的上限（23.1万美元）。他的公司购买了大量人寿保险作为他的高管薪酬组合的一部分，因此，他的家人得到的赔偿金减少到400万美元。他的家人可以轻而易举地反驳说，这个金额甚至不到他未来收入的零头。不管怎样，任何将吉姆的年收入限制在23.1万美元的公式，显然与他在投资公司的收入没有关系。

阿尼塔为生计在餐厅工作的同时，一直在上烹饪学校。她的年收入是1.9万美元。她的女朋友阿什莉承担了大部分房租和部分学费，不过阿尼塔也在偿还贷款。由于没有被供养人而且收入不高，阿尼塔的生命价值经过计算为75万美元，是四个人中最低的。虽然阿尼塔和阿什莉住在一起，但她们在法律上没有任何关系，所以阿什莉没有得到任何补偿。赔偿金直接寄给阿尼塔在印度尼西亚的家人。

一年级的塞巴斯蒂安是这次恐怖袭击的未成年受害者之一。由于没有收入，也没有被供养人，这些受害者被贴上了相同的价格标签，约为80.3万美元。这个数字是根据美国工薪阶层的平均收入，再加上逻辑上的取巧（假定这些未成年人在2001年9月11日实际上已经20岁了）计算出来的。未成年受害者的赔偿金比平均金额低几十万美元。未成年受害者不分背景、学历、社会地位、种族、性别或任何其他条件，每个人的生命价值是一样的。[11] 对未成年受害人的一视同仁，与其他受害者赔偿金额的巨大差异形成了鲜明对照。

这四个人的生命都被缩短了。他们都有未来的计划。这四个人的生命价值非常不同，他们的生命被贴上了相差极大的价格标签。未成年人的价格标签是相同的，但成年人的价格标签从25万到700多万美元不等。这个范围很广的区间说明，肯尼思·范伯格基本上是根据每名受害者的经济价值（预期将赚多少钱），而不是非经济价值来计算他们的生命价值的。

不管是当时还是现在，这些价格标签都是有争议的。从自由意志主义者到自由主义者，处在政治光谱不同位置的人都对其提出了强烈批评。一些人反对政府出钱救助航空公司，理由是航空公司有保险，可以支付这些家庭的赔偿金。一旦被起诉，航空公司可能因为没有发现劫机者，允许他们登机，并使

17

他们成功劫持飞机而被认定存在疏失。事实上，在9月11日失去六百五十八名员工的金融公司菲茨杰拉德公司，便以1.35亿美元与美国航空公司达成和解。[12] 与此同时，更加传统的提供救济的慈善团体很快筹集了27亿美元，以帮助受这次袭击影响的人。[13]

还有人认为，政府向"9·11"事件受害者提供任何赔偿都是不公正的。这既不是美国遭受的第一起恐怖事件，也不是第一次出现美国受害者的恐怖袭击，当然也肯定不会是最后一次。许多人认为，既然政府没有向以前的爆炸案、大规模枪击案、纵火案和其他恐怖袭击的受害者支付赔偿金，那么向"9·11"事件受害者家属支付赔偿金的做法就有失公正。没有迹象表明，设立受害者赔偿基金将成为未来应对恐怖袭击的标准做法。例如，联邦政府没有向2013年波士顿马拉松爆炸案或2017年造成八人丧生的纽约市卡车撞人恐怖袭击案的死伤者支付任何赔偿金。"9·11"事件成了特例，几乎可以肯定的是，美国人在未来将继续成为恐怖袭击的目标。

在实践中，"9·11"赔偿基金必须对谁能得到赔偿，谁不能得到赔偿做一些限制，否则可能有数百万人申请赔偿。但是一些人还是抗议说，赔偿只包括那些在所谓的"直接相邻地区"的人。例如，赔偿没有包括住在哈得孙河对岸、正对世贸中心的新泽西居民，他们受到倒塌大楼飘出的大量有毒烟尘的影响。他们不会因为呼吸系统疾病得到赔偿。等待三天以上才去看医生的无反应者也不会得到赔偿，背后的逻辑是，等待超过三天的人受到的伤害可能与恐怖袭击无关。[14]

那些拒绝接受第一次赔偿提案，选择申诉并要求得到更高赔偿金的家庭如愿以偿了。相较于接受第一次赔偿提案的家庭，这些家庭得到的赔偿金更多。[15]

还有人抗议说，得出价格标签的公式并不公平。最高收入者的家人认为，由于规定了年收入上限，他们被亏待了——将23.1万美元设为年收入上限的决定是武断的。一些人批评更加富裕的家庭在国家悲剧面前暴露了自己的贪婪。价格标签主要由收入而不是非经济价值或被供养人价值决定，因此与收入相关的种族和性别不平等使赔偿方案变得更加复杂。

本章介绍的四个人都不是典型的需要照顾老弱病患的照护者。然而，在美国全国范围内，许多成年人把时间花在抚养孩子和照顾年迈的父母、亲戚上。由于不赚取工资，在计算赔偿金时，碰到遇难的照护者是按没有收入计算的。家庭主妇和家庭主夫节省了上托儿所或请保姆的费用，但在计算他们的生命价值时，这一点并没有被考虑在内。

2016年，将近三分之一的母亲在家带孩子。而在家带孩子的父母中，大约80%是母亲。[16]性别不平等同样存在于照顾老人的人群中，其中大约三分之二是女性。[17]在照顾孩子和老人时，女性比男性更可能放弃收入。根据公式，女性受害者的经济价值更低，她们的生命因此被贴上了更低的价格标签。当"9·11"事件受害者赔偿计划完成后，女性受害者的平均赔偿金额仅为男性受害者的63%。[18]

根据"9·11"事件受害者赔偿基金的公式，相较于投入大量时间赚钱的人，选择将更多时间花在家庭上的人的生命价值显然要低得多。此外，这个公式也对因为从事公益事业而收入较低的人不利。

除了这些问题，收入决定价格标签还带来了另一个问题。两个工作经验和学历相同的劳动者，往往无法获得相同的报酬。例如，无论是比较受过高中教育、本科教育还是硕士教育的成年人，黑人的收入都比白人低25%到30%。[19]即使综合考虑工作经验、教育背景、每年工作时间、行业、职业、种族和婚姻状况的差异，女性的工资仍然低于男性。[20]基于性别、种族或国籍的工资差距是劳动力市场不公平的标志之一。通过一个人当前的收入估算其生命的经济价值，这些差距要乘以预期他们工作的几十年。

基于收入的计算方法低估了已退休或不工作的人的贡献，这一点非常明显，甚至连"9·11"事件受害者赔偿基金官方公布的常见问题集也只是含糊地说，这些人的赔偿金额是"使用相关研究提供的标准替代性服务的经济价值，或类似的方法"得出的。[21] "替代性服务"的意思是一名家庭主妇的工作可以由专业管家或专业厨师来完成。事实证明，60岁以上的受害者得到的平均赔偿金还不到年轻受害者的一半。[22]

还有人指出，一些受伤的幸存者获得了800多万美元的赔偿金，高于任何一个失去亲人的家庭得到的赔偿金。[23] 任何一种对伤者的赔偿多于死者的赔偿方案，都必然会招致批评。

我们可以看到许多反对计算"9·11"事件受害者生命价值公式的理由，它们并非无的放矢。那么还有什么其他方法值得一试呢？实际上，不管是过去还是未来，我们都可以用一个简单的办法来替代这些复杂的计算——对所有人一视同仁。

如果为了确定赔偿金额，我们必须给逝去的生命贴上价格标签，那么为什么不给所有人都贴上相同的价格标签呢？这背后的逻辑一目了然。谋杀罪的罪名与受害者的身份无关，不管受害者是年轻人还是老年人，是富人还是穷人，是男人还是女人，是美国人还是外国人。谋杀就是谋杀，不管受害者是谁。在美国，对谋杀罪的实际判决往往取决于受害者的种族和社会经济地位，但法律制度中的这些偏见不应被照搬到对恐怖袭击受害者的赔偿上，并因此使赔偿变得不公平。

理论上，所有人理应享有相同的权利。宪法对生命、自由和追求幸福的权利的承诺理应适用于每个人，因为我们生而平等。除了美国的《独立宣言》，《世界人权宣言》也清楚地阐述了这项原则："人人生而自由，在尊严和权利上一律平等。"如果赔偿受害者是为了保护人的权利，那么为什么要根据经济损失来决定赔偿金呢？

2004年，范伯格先生也得出了相同的结论。他写道："一个极有说服力的论点是，如果恐怖主义袭击再度发生，而且国会再次考虑如何赔偿恐怖袭击受害者，那么所有符合条件的赔偿对象，无论如何定义，都应该获得相同的免税赔偿。这种'统一支付'的方式不仅更便于管理，而且可以最大程度消弭符合条件的赔偿对象之间的分歧，因为他们不能够再争辩说，自己失去的亲人（比如，一名消防员）的生命价值被低估了，不如一名股票经纪人或银行家。"[24] 一年后，范伯格采取了更强硬的立场，指出先前的公式是"有缺陷的"，"计算赔偿金时不应该考虑个人财富和幸存亲属的状况"。[25] 事实上，美国在处理军人死亡赔偿金时已经有使用这种方法的先例。

既然政府将"9·11"恐怖袭击视为战争行为，那么它就应该考虑使用军人死亡赔偿金的计算方法。所有没有不当行为的现役军人的死亡一律被视为因公殉职，无论他们是死在战场上、训练中，还是由于一些与战斗无关的原因（如疾病）。[26] 赔偿金包括直接收入补助、过渡期补助和收入替代。直接收入补助是一张10万美元的支票，不管军衔高低一视同仁，所以二等兵的家属和将军的家属领取的是数额相同的赔偿金。过渡期补助包括医疗和牙科保险、心理辅导和过渡期住房，同样与军衔无关。收入替代包括许多项目，其中金额最大的两项分别是军人团体人寿保险和抚恤赔偿金。军人团体人寿保险提供最高 40 万美元的政府补贴保险，几乎所有现役人员都能得到最大金额的保障。抚恤赔偿金则是每月支付。这两个项目都支付固定的金额，无论死者的军衔如何。

还有一个先例。1988 年（"9·11"事件发生十多年前）通过的《公民自由法案》，给予所有在第二次世界大战期间被关押的日裔美国人每人 2 万美元的赔偿金，这个金额并没有因为每个人在被迫迁往拘留营期间损失收入的不同而有所区别。在这个案例中，赔偿的是他们失去的机会和自由，而不是生命。

认定"9·11"恐怖袭击的所有受害者的生命价值相同，这种做法更简单，争议更少，而且符合联邦政府和国际机构计算成本效益时的通常做法。环境保护署和运输安全管理局等联邦机构在做成本效益分析时，通常会使用固定的价格标签，所有人一视同仁。这些机构的价格标签并不因贫富、种族、年龄而有所不同。

这些机构会先计算某个项目或法规的预期成本——比如减少某种由工业生产活动带来的已知致癌物——然后将其与预期收益相比较。收益的计算一方面基于预期挽救的生命数量，另一方面基于统计生命价值。[27] 统计生命价值的计算方法是评估人们愿意得到多少钱来接受一个增量的死亡风险，或愿意花多少钱来降低一个死亡风险。支持使用统计生命价值的人认为，它关注的是增量风险，这在某些成本效益计算中是有用的。他们提出，统计生命价值无意确定某人愿意为避免某些类型的死亡而支付的金额（这个金额基本上是无法计算的），也无意确定一群人愿意花多少钱来拯救某个具体的人（这个金额肯定充满了偏见）。

实际上，这个数值的应用场合通常不止计算风险。分析师将这个值等同于生命价值，在计算通过加强监管、强化安全机制或增加其他支出来挽救生命（而不是降低风险）的经济收益时，视其为关键的输入项。

1995 年，联合国政府间气候变化专门委员会赋予低收入、中等收入和高收入国家的居民三种不同的生命价值。最高值和最低值的差值极大，高收入国家居民的生命价值是贫穷国家居民的 15 倍。批评随即而来，有人指出这是对人类尊严的冒犯。科学家很快放弃了这种计算方法。到 2001 年，联合国政府间气候变化专门委员会在计算减少温室气体的成本效益时，将全球所有人的生命价值一律定为 100 万美元。[28] 所有人的生命价值都采用这个数值，与国家的贫富无关。相比之下，这个金额（100 万美元）远低于美国环境保护署使用的数值，这反映了美国人的人均收入远高于全球平均水平的事实。[29] 目前还没有统一的方法来计算这个数值。一些国际研究人员使用与国家财富水平有关的数值，另一些则对所有人使用相同的数值。例如，《柳叶刀》的研究论文显示，对于七十五个中低收入国家而言，健康和教育的投资回报率很高。在这些论文中，每个人的非经济价值被赋予相同的数值，与他们所在国家的人均国内生产总值（GDP）无关。[30]

乔治·W.布什总统执政时，作为"晴空倡议"[①]的一部分，环境保护署为生命贴上了两种不同的价格标签，70岁以下的人为370万美元，70岁以上的人为230万美元。尖锐的批评随即而来，这种相当于给老年人加了"死亡折扣"的做法引发公众愤怒。[31]低估老年人的生命价值的做法被认为有失公允，而且在科学上也无法用统计生命价值来辩护，因为统计生命价值未必会随年龄的增加而减少。[32]环境保护署很快妥协了，恢复了对所有人命使用统一价格标签的做法，而不是假设一些人比其他人更有价值。

2010年，环境保护署在计算与新法规相关的成本效益时，使用的生命价值是910万美元。食品药品监督管理局在2010年使用的生命价值是固定的790万美元，在2011年使用的是830万美元。而运输安全局在本书写作前不久使用的是940

---

① 旨在应对全球气候变化问题的新倡议。——译注

万美元。[33] 所有这些数值都大大超过了平均预期未来收入，后者是各机构以前用来计算生命价值的指标。[34]

各机构使用的数字各不相同，这似乎不合逻辑。但每个机构都给被挽救的生命贴上了统一的价格标签，无论这些生命是通过加强对空气中有毒物质的监管，加强对食源性疾病的监管，还是加强对安全气囊的监管而得到挽救的。各机构不会因为某个人是否有孩子、收入多少或年龄如何而给生命贴上不同的价格标签。虽然各机构使用的数字不同，而且统计生命价值的科学性受到质疑，但这种评估生命价值的一致性对于监管的实践来说是有益的。那么，这些价格标签是如何得出的？在这里，经济学家扮演了上帝的角色，试图"推测"出无法购买的东西的价格。世界上没有可以自由买卖生命的市场，经济学家不可能通过观察得知人们愿意以多少钱卖出他们的生命，有钱人愿意花多少钱来延长他们的寿命。

如果一个疯子决定要杀人，他无法购买实施谋杀的权利。类似地，奴隶制也是非法的，一个人将另一个人作为自己的财产购买回来是违法的。美国没有合法的市场供人们购买拥有或剥夺某人生命的权利。

既然没有购买生命的市场，那么经济学家如何计算统计生命价值呢？一种方法是通过提出假设性问题的调查，另外两种方法是考察实际决定的经济影响和风险影响。第一种方法使用的调查类型通常被称为"条件估值调查"或"陈述性偏好法"。这种调查要求人们评估他们愿意为某件事支付或接受多少钱。另外两种方法需要观察人们的实际决定：第一种是观察人们为承担更高风险的工作得到的增量金额（基于工资），第二种是观察人们为减少风险而支付的金额（显示性偏好）。正如我们接下来将看到的，这些方法依赖的是错误的假设，并经常得出不一致的结论。

基于调查的统计生命价值估算法

基于调查的估算法让人想起一则老笑话。一个强盗用枪指着一个老人的头喊道："要钱还是要命？"老人回头看着他，一言不发。劫匪又喊了一遍："我说，你是要钱还是要命？"老人答道："让我想想，让我想想。"

经济学家不能简单地问人们"为了不被杀，你愿意花多少钱"，并期望得到有用的回答，因为他们得到的答案很可能是"我的一切，甚至更多"。这是一个富有诗意的回答，但无法被量化。如果问父母"为了你的孩子不被杀，你愿意付多少钱"，你会得到类似的答案。在现实世界中，人们认为生命是宝贵、无价的。许多人认为给生命贴上价格标签的想法是可憎的、不道德的，而且往往是不可想象的。大多数宗教和哲学都彻底拒绝给人的生命定价。但这是成本效益分析的核心，也是"9·11"事件受害者赔偿基金的主要任务。

经济学家如何决定一条生命的价值？直接询问人们愿意为生命付出多大代价，必然一无所获，因此经济学家采取迂回战术。他们围绕这个主题向人们提出问题，但不会直白地询问他们愿意付多少钱。例如，他们或者在商场里拦住人们，或者给他们打电话，或者在网上问他们这样的问题："为了避免万分之一的死于某种威胁的可能性，你愿意付多少钱？"如果平均数是900美元，那么研究人员会推断：假设有一万人支付这个数额，挽救一条生命将花费900万美元。这里的900万美元，代表人们愿意为了充分降低某种风险以挽救一条生命而花费的金额，这个数额被称为统计生命价值。这种方法的缺陷是显而易见的。

选择性偏差也会对基于调查的方法造成干扰。愿意花时间在商场、电话里或网上回答问题的人无法代表整体。严格地说，即使没有收益或收益很小，这些人仍然愿意花大量时间来回答问题。

这个方法还有另一个重要缺陷，即调查问题高度抽象。很少有调查对象能真正把握和理解调查者到底想知道什么。因此，这些抽象的问题往往使人们做出毫无根据的猜测，产生自以为是的想法或干脆胡乱答题。

研究人员经常以一种粗暴的、不科学的方式来调整应答者的回答，即干脆舍弃他们认为不方便分析的统计数据点。一个通常不被采纳的回答是"我不能为生命定价"。事实上，研究人员很清楚什么样的回答是可以接受的。支持使用统计生命价值的 W. 基普·维斯库西说："如果一项安全政策能够减少更多的风险，那么调查对象理应愿意为该政策支付更多的钱……相较于经济条件不太好的人，更富裕的调查对象理应愿意为降低特定的风险支付更多的钱。"[35] 舍弃不支持你的假设的数据，这种做法违反了基本的科学方法。此外，过滤掉不符合研究者想法的回答，会使计算出的统计生命价值展现符合研究者先入为主观念的特定属性。

向同一个人询问一个与这个价格标签相关的稍微不同的问题，你可能会得到一个非常不同的回答。[36] 因此，一个人对统计生命价值的评估可能有一系列不同的数值，这些数值取决于他们试图避免的确切风险（如火灾或癌症），或者该风险发生的可能性，甚至更简单的原因（如问题的问法）。如果他们在当天早上的新闻中看到了雾霾的危害、卷饼中的大肠杆菌或汽车被召回的报道，也可能产生影响。

对这个方法的另一个担忧是，支付意愿调查往往只针对某一个问题，这意味着调查对象可能没有意识到，为解决一个问题花的钱会减少可用于解决其他问题的资金。

还有一个担忧是，人们对花费金钱和接受金钱的看法非常不同。[37] 有人愿意花 900 美元以避免万分之一的死于某种风险的可能性，并不意味着给他们 900 美元，他们就会愿意接受增加万分之一的死于某种风险的可能性。这并不是价值评估法独有的问题，因为在许多领域，人们花钱的意愿往往与他们接受金钱的意愿大不相同。[38] 让我们从另一个角度想想这件事。某人愿意接受 10 万美元以使自己承受一定程度的风险，并不意味着他愿意花 10 万美元来降低相同程度的风险。我们在后面的章节将进一步研究人们的实际行为不符合完美的风险计算器计算结果的例子。

基于工资的统计生命价值估算法

基于工资的估算法是观察人们在从事风险更高的职业时能多得到多少报酬。在经济学理论中，选择工作涉及求职者的知情决定，即他们知道自己将面临什么样的风险及为承担风险，他们期待得到多少报酬。该理论假设求职者对他们要做的工作有选择权，知道与每项工作相关的死亡风险及不同的工作选择对应的增量风险，而且会为风险更大的工作要求更高的报酬。为一份有风险的工作支付的增量报酬与增量风险的比率被用来估算统计生命价值。

人们基于这个想法，得出了许多估值。这些估值来自不同的时间段、不同的国家和不同的职业，从几万到几千万美元不等。[39] 许多因素会影响估算结果，比如分析的是哪个国家、雇员是否参加工会、雇员是白领还是蓝领、雇员从事何种行业等。虽然不同的研究估算的生命价值相差极大，但成本效益分析师在 2000 年根据美国的研究，将生命价值定为 610 万美元。[40]

该估算法是建立在若干错误的假设之上的。潜在的雇员往往没有选择的余地，不得不接受任何一份工作。潜在的雇员往往对不同工作的风险增量知之甚少或一无所知。即使雇员对某份工作的急性伤害和死亡风险有准确的感知，他们往往也不知道确切的风险是多少。此外，雇员不会先输入这些增量风险的精确估计值，从非急性风险中推断出缺失的数据，然后分析数据以确定必要的增量补偿。简而言之，潜在的雇员缺乏必要的信息来做出知情决定（这是该估算法的假设），而且他们往往缺乏选择工作或谈判薪酬的机会。

他们甚至往往不知道一份工作可以拿到多少工资，也没有有效的谈判筹码，证据就是加入工会的劳工工资更高，因此统计生命价值的估算结果也高于没有加入工会的劳工。[41]

　　每个人对风险的容忍度不同。一些人有意识地规避风险，而另一些人则宁愿冒更大的风险。吸烟者和饮酒者倾向于承受更大的风险。平均而言，女性比男性更厌恶风险，因此女性的统计生命价值高于男性。工作选择较少的人，即使额外补偿不多，也会选择风险较大的工作，因为他们没有选择余地。这些人的统计生命价值较低，因为他们别无选择，没有谈判筹码，也不了解工作涉及的风险。

　　虽然统计生命价值在设计、数据获取和计算方面都存在逻辑、方法缺陷，但人们仍在用这种方法取得数值，而且会使用这些数据。不同的估算方法得出的统计生命价值的极差和方差都很大。虽然研究人员努力筛选哪些调查对象的回答可以被视为可接受的，但方差仍然极大。

　　对六百二十一个以劳工为对象计算得出的统计生命价值（使用相同的职业死亡数据）的评估表明，第九十五百分位数的估算值（3 570 万美元）和第五百分位数的估算值（180 万美元）相差将近 3 400 万美元。更加直观的表述是，如果把这六百二十一个估算值从低到高排列起来，第五百九十个（第九十五百分位数，3 570 万美元）是第三十一个（第五百分位数，180 万美元）的 20 倍左右。[42]美国估算值的这种极大差异，再加上其他众所周知的问题，提醒我们该方法的科学性值得怀疑。在国际生命价值的比较中，我们也可以看到极差大和违背常识的情况（如巴基斯坦的统计生命价值是中国台湾的估算值的 15 倍）。[43]

以显示性偏好法估算统计生命价值

显示性偏好法被认为正好与基于工资的估算法相反。显示性偏好法不是分析人们愿意接受多少钱来承担更多的风险（接受意愿），而是研究人们愿意花多少钱来减少风险（支付意愿）。

想象一项考察自行车头盔消费模式的研究。经济学家可以研究人们愿意多花多少钱来买一个更有效地减少头部伤害或降低死亡率的头盔。为购买更昂贵的头盔多花的钱与减少的风险之比，即统计生命价值的一个估算值。

同样地，经济学家假设购买头盔的行为是知情决定，也就是说，消费者知道多花的钱能减少多大的风险。另外，这种分析并没有考虑不同顾客可支配收入的差异，这意味着一些顾客比另一些顾客更容易在安全设备上花更多的钱。在现实中，消费者很可能不知道两种头盔减少的风险到底相差多少，而决定购买哪种头盔往往是基于个人经济条件和与安全完全无关的因素（如头盔的款式和颜色）。

经济学家还可以分析家用灭火器花费的金钱、系安全带花费的时间。这些活动都可以被货币化，并与降低的死亡率做比较。经济学家再次假设人们在了解降低了多少死亡率的情况下做出了选择，但这样的假设基本不符合现实。

使用基于调查的估算法、基于工资的估算法、显示性偏好估算法，得到的数值会有很大的差异，而且计算本身存在逻辑缺陷。

人们可以用类似的错误逻辑，从反恐战争的角度来看待大家对"9·11"事件的反应，从而为生命贴上更高的价格标签。美国在内外的防御和安全措施上多投入了数万亿的美元，据说这是对"9·11"事件的回应。这些费用包括成立像美国国土安全部这样的政府机构（雇用了大约二十五万名雇员），在阿富汗和伊拉克等地发动战争。[44]用这数万亿美元除以在"9·11"事件中逝去的将近三千条生命，得出的结论是，美国愿意为每条生命支付数亿美元。这种计算方法的缺陷在于，美国公民对这些费用的影响微乎其微，而且这些措施能在多大程度上降低未来遭受恐怖袭击的风险，也值得商榷。

我们可以做一个类似的计算，来估计美国机场的旅客在穿鞋和脱鞋（恐怖分子理查德·里德试图在飞机上点燃自己鞋中的爆炸物，这是之后的应对措施）上花费了多少时间。经济学家可以算出旅客在这道防御程序上花的时间，再乘以乘客的年收入，将其货币化，借此估算这项措施的机会成本。这个机会成本加上与脱鞋相关的其他安全措施的增量成本，就得出了总成本。总成本除以该措施预期挽救的生命数量，就得出了另一个生命价值。但这个计算方法也是有缺陷的，因为乘客别无选择，只能脱鞋，而且脱鞋减少了多大的死亡风险，也是值得怀疑的。

简而言之，每一种用价格标签来表示人类生命价值的方法，在逻辑上都是有缺陷的。在做分析时，人们常说"垃圾进，垃圾出"[45]，这句话同样适用于统计生命价值的计算。但即便如此，这些方法仍被用来得出价格标签。这些价格标签虽然有缺陷、不符合逻辑，却经常被使用，并对现实世界产生了重大影响。

如果不考虑上述局限性，使用统计生命价值确实有一些非常积极的意义。这个价值比大多数美国人的预期收入高得多，因此使用这个较高的价值计算出的结果比使用基于收入损失计算出的结果，提供了更多的保障。另外，监管者使用相同的价格标签，便可以避免与收入有关的歧视。

由于付给"9·11"事件受害者赔偿金的目的是尽量减少

诉讼，所以要考虑经济损失。因此，个人预期终身收入要纳入计算。正如前面已经讨论过的，用收入来评估生命价值，既不公平，也不恰当。试想，如果我们用收入来比较一个对冲基金经理的生命价值和一名社工、教师、警察、消防员或士兵的生命价值，会得出多么荒唐的结论。一个年收入超过1亿美元的顶级对冲基金经理，为社会、家庭、亲人增加的价值是其他勤勤恳恳工作的人的1 000倍甚至更多，这无疑是无稽之谈。根据收入来评估某人的生命价值，会得出这种不合逻辑的结论，由此会产生不合道德的后果。

能否用基于收入的估算法得出一个适用于所有人的平均生命价值呢？当然可以。这正是范伯格为"9·11"事件的未成年受害者做的。然而，在逻辑上有缺陷的生命价值的平均值也是有缺陷的。

法律要求"9·11"事件受害者赔偿基金同时考虑经济价值和非经济价值，但国会不必强制要求将经济损失纳入公式中。毕竟，其他政府机构都采用均一的生命价值。如果范伯格能像他在2004年建议的那样，对所有失去的生命都使用相同的价格标签，虽然他仍然需要确定价格标签的数值，但这将大大简化计算公式。这意味着，每个人都有相同的非经济价值，而且亲属的价值、经济的价值和调整后收益的价值都会设为零。

这不是一个完美的解决方案，人们可以提出强有力的论点来反驳它。反对这个解决方案的人可以说，这将过度奖励低收入受害者的家庭，同时会给高收入受害者的家人带来困难。他们会提出，向失业或从事低薪工作的受害者家庭支付数百万美元的赔偿金，相当于让这些人中了彩票。他们还会指出，平等的赔偿金意味着否定了高收入者在教育、职业和其他有助于事业成功的可控因素上做出的努力。这将使圣人等同于罪人，使索取者等同于施与者，使诺贝尔奖获得者等同于吸食海洛因成瘾的流浪汉，使拯救生命的疫苗发明者等同于连环杀手。

虽然每种方法都免不了有人要抱怨，但重要的是要认识到——就像范伯格的公式遇到的情况一样——大多数反对使用单一生命价值的人可能来自最高收入家庭。在拒绝政府提案的大约3%的家庭中，相当大一部分和吉姆家的情况相同——吉姆的年收入远远超过基金规定的23.1万美元上限。那些认为收入上限不可接受的人更可能拒绝政府的提案并提起申诉，而不是接受提案并放弃他们的权利。

那么，每个家庭应该得到多少钱呢？

里克、吉姆、阿尼塔、塞巴斯蒂安和其他将近三千人在9月11日那天失去了生命。随后几年，数十万人在伊拉克和阿富汗的军事行动中丧生，包括大量伊拉克和阿富汗的平民。这些受害者中的每个人都被爱着，每个人都有家庭，每个人都有未来的计划,每个人都值得被怀念和珍视。

"9·11"事件中死去了近三千人,每条生命都被贴上了价格标签,从25万美元到700多万美元不等。然而,这些生命本可以很容易地被贴上相同的价格标签。虽然实际数字还需要进一步讨论,但支付一个固定的金额(无论是300万美元、610万美元、1 000万美元还是其他数字)将是补偿家属的最简单、最公平的方式。使用相同的生命价值会明确表示,人类之所以有价值,只是因为他们是人,活着的人,能够为家人、朋友和社会做出贡献。虽然美国军方、联邦机构和国际机构没有就使用哪种价格标签达成一致,但它们都对所有生命使用单一的生命价值,不认为一些生命比其他生命的价值更高。使用相同的生命价值也符合人们对公正的直觉认识——每七个美国人中,有六个认为"9·11"事件受害者家庭应该得到相同的赔偿金。[46]

我们自豪地宣称,每个人都有不可剥夺的生命、自由和追求幸福的权利。当这种不可剥夺的生命权被剥夺时(比如"9·11"事件的受害者),赔偿不应该更倾向富人。法律公平地保护每个人,这是被我们的法律体系奉为圭臬的理念,它当然不会使政府有权给予富裕家庭10倍、20倍乃至30倍于贫穷家庭的赔偿金。

上述讨论的重点是给予受害者家属的赔偿金额,但还有一个更大的问题：使用纳税人的税金来赔偿受害者家属是否公平且恰当？恐怖袭击仍将在美国和世界各地发生，一些美国人还将被杀害。不仅如此，每年有成千上万的美国人因谋杀、事故或过失而失去生命。2001 年，因谋杀或非过失杀人而死的美国人的数量是"9·11"事件死亡人数的 5 倍以上。[47] 从这些丧生的美国人的视角来看，"9·11"事件受害者赔偿基金的存在是不公平的。虽然生命的损失是悲剧，但它将那一天的非正常死亡提升到了与所有其他非正常死亡（不管是因为事故、谋杀、恐怖袭击还是过失）不同的高度。在政府用纳税人的钱赔偿"9·11"事件受害者家属之后，人们将不断提出一个合乎情理的问题：既然纳税人的钱能用来赔偿"9·11"事件受害者家属，为什么不能用来赔偿其他事件中的死者家属呢？

"9·11"事件受害者赔偿基金给出的生命价格标签的巨大差异，或许是与恐怖袭击相关的死亡事件中的一个特例。2013年波士顿马拉松爆炸案后，私人捐款金额达到 6 000 万美元，但政府并没有设立受害者赔偿基金。管理这个以私人捐款成立的受害者赔偿基金的同样是范伯格，不过这次他决定，无论受害者的收入如何或被抚养人的数量多少，所有死者家属都应得到相同金额的补偿。[48]

设立受害者赔偿基金并非政府分内之事。不过，如果政府决定再成立这样的基金，它可以通过制定一条非常简单的规则

（赋予所有生命相同的价值）来避免"9·11"事件受害者赔偿基金犯过的许多错误。

下一章的重点将是法院（包括民事法庭和刑事法庭），这是我们追求正义的常规途径。当人的生命被剥夺时，民事法庭必须为这些生命贴上价格标签，而刑事法庭的任务是替社会伸张正义。理论上，法院必须遵守宪法第十四修正案的"平等保护条款"。但我们很快会看到，在实践中，司法体系的反应取决于死者的身份。

第三章
国王、庶民不同罪

马克·查普曼枪杀约翰·列侬案、O. J. 辛普森的审判、丹尼尔·潘塔莱奥警官"锁喉"埃里克·加纳致其死亡案，以及乔治·齐默尔曼枪杀特雷沃恩·马丁案等著名的谋杀案证明，美国司法体系对不同公民的死亡有非常不同的反应。民事审判为失去的生命贴上的价格标签，反映了司法体系对这些生命价值的评估。上述四起案件都经过了刑事审判，但结果各不相同。这不仅是因为案件本身，也与社会如何为失去的生命标价有关。这些案件使我们得以观察，美国司法体系是否认为一些生命的价值高于另一些。

马克·查普曼因为谋杀约翰·列侬，在监狱里度过了三十五年以上的时间。O. J. 辛普森因为妮可·布朗·辛普森和罗纳德·戈德曼的死而两次受审。在刑事审判中，他获判一级谋杀罪不成立。后来，一个民事法庭认定他对两人的死亡负有责任，应赔付原告 3 350 万美元。埃里克·加纳被指控非法售卖香烟，在保释期间遭丹尼尔·潘塔莱奥警官"锁喉"，最后窒息而亡。虽然有视频证据，而且验尸官裁定加纳的死是谋杀，但潘塔利奥警官不仅没有被起诉，还在事件发生后五年多的时间里一直在警察局工作。[1] 事件发生大约一年后，纽约市同意支付加纳家人 590 万美元，以避免打一场旷日持久的民事官司。特雷沃恩·马丁被社区治安志愿者乔治·齐默尔曼杀害。在全国媒体的关注下，齐默尔曼才因马丁的死被起诉，并在第二年被宣告无罪。业主协会与马丁的家人达成和解，不过具体金额未披露。[2]

在这四起案件中，受害者的社会地位、财富、种族相去甚远，而美国司法体系的反应也截然不同。相关的刑事审判或判决有罪，或宣告无罪，民事审判裁定的赔偿金和达成的和解金也有极大差异。关于司法体系对这四起谋杀案的不同反应，人们可以说很多而且已经说了很多。在此我想强调的是，司法体系的两个分支（刑事和民事）对生命价值的看法并不一样。

刑事法庭旨在惩罚那些因谋杀或过失杀人而夺走生命的人。政府坐在法庭一侧，代表公民寻求正义，而被告坐在法庭另一侧。广义的价值指"重要性或值多少钱"，宪法第十四修正案的"平等保护条款"意味着生命具有相同的价值；与此相对，价值被低估的生命得不到法律体系的充分保护。"平等保护条款"当然无法确保结果是平等的。但是调查、无罪释放、定罪和死刑判决方面一贯的不平等模式表明，刑事司法体系为不同的受害者和罪犯赋予的生命价值并不相同。

民事司法体系不会把犯人送进牢房或判他们死刑。不过，如果被告被判赔偿伤者或死者家属，他们有可能失去金钱和财产。与死亡相关的民事判决，使我们得以了解人类生命的价格标签及影响这些价格标签的因素。民事司法体系和刑事司法体系都提供了有益的启示，使我们能够观察如何给生命标价、如何保护生命以及这些做法是否公平。

民事诉讼

民事审判是关于钱的，纯粹而简单。即便原告再三强调"钱不重要"或"钱不能让我们心爱的人死而复生"，但这些审判都是为了钱的。[3] 在过失致死案的民事审判中，原告向被告寻求赔偿，而最重要的判决是，被告是否需要赔偿，如果需要，赔多少。赔偿金额不仅可以解释为对原告遭受的个人损失的估算，也可以解释为死者生命价值的金钱评估。

死亡每天都在发生，可能是自然死亡或事故死亡，可能是遭到谋杀。非正常死亡指过失、不当行为或有意的行为造成的人的死亡或被杀。非正常死亡的原因包括医疗事故、在危险环境中工作、车祸或犯罪。所有与非正常死亡相关的民事审判必须有一个被告，也就是可以被起诉的人或机构。民事审判涉及具体的、身份明确的生命，这些生命受到伤害或死亡的影响。这与监管者的例子截然相反，监管者在计算成本效益时，考虑的是匿名的、统计学意义上的生命的增量风险。

当非正常死亡发生时，人们可以考虑多种不同类型的伤害赔偿，包括受害者经历的痛苦和折磨、丧葬费、受害者正在和可以为家人提供的经济和服务的损失、配偶失去受害者的陪伴、幸存者遭受的创伤和失去亲人的痛苦，以及受害者失去的生命。[4]但在民事审判中，最后两项，即幸存者的悲痛和死者的生命往往被忽略，因为大多数州的民法没有为生命赋予货币价值。[5]民事审判的重点是成本，既包括实际成本，如与受害者的葬礼有关的成本，也包括机会成本，如受害者的预期收入和为家庭提供的服务。这使民事判决有可能得出这样的结论：如果受害者的死亡为家庭省钱，原告无须赔偿。这里要再次提到第二章出现过的虚构的里克、吉姆、阿尼塔和塞巴斯蒂安。喜欢足球的6岁的塞巴斯蒂安的生命价值与金融分析师吉姆的生命价值截然不同，而后者又与消防员里克的生命价值有着巨大的差异。"9·11"事件受害者赔偿基金规定的最低赔偿金为 25 万美元，因此所有生命至少有非零的价格标签。而在民事审判中，生命的价值可以是零。

最简单的做法是把非正常死亡诉讼中判给幸存者的损害赔偿，想象成民事侵权法中常用的三个类型之一：经济损害赔偿、非经济损害赔偿和惩罚性损害赔偿。[6]经济损害赔偿是指，如果受害者没有死亡，他本可以为幸存者做出的财务贡献的价值总和。损失的财务贡献包括受害者的预期收入和福利（如养老金计划和医疗保险）的损失、因死亡而产生的医疗和丧葬费用，以及受害者本应提供的服务的损失。经济损失往往在民事审判的判决中起主导作用，"9·11"事件受害者分配赔偿金时也是一样。像吉姆这样富有的商业人士的死亡赔偿金，之所以比像有抱负的烘焙师阿尼塔这样的低收入劳动者高很多，主要原因就在这里。

非经济损失包括幸存者遭受的精神打击，经历的痛苦和折磨，以及失去的死者的爱、陪伴、照顾、保护、指导、建议、训练和养育。

最后，惩罚性赔偿是从经济上惩罚被告，旨在明确提醒被告和其他人，以后不要再做类似的不当行为。[7]为了产生威慑作用，赔偿金要足够大，这样潜在的不法分子才会权衡实施类似不法行为的收益和需要付出的巨大的经济成本。不管什么时候，只要给人的生命贴上更高的价格标签，个人、公司、组织和政府就有更大的动力来保护这些生命。在每起个案中，惩罚性赔偿都有上限，因为最高法院已经对惩罚性赔偿与补偿性赔偿的比例做出了限制。[8]

思考美国的民事司法体系时，回顾非正常死亡判决的起源是很有帮助的。首先是圣经。圣经的律法对过失造成的非正常死亡的规定非常严格。《出埃及记》第二十一章第二十九节写道，如果你知道一只动物是危险的，却让它到处乱跑，而且这只动物杀了人，那么你和这只动物都应该被处死。更明显的是，《出埃及记》第二十一章第三十节继续解释说，受害者的家人可以接受赔偿金，以补偿生命的损失。通过这短短的几句话，一个原则（生命的价值体现在剥夺他人生命的既定权利中）就被转化为一个价格标签（生命的价值体现在一个需要协商的价格标签中）。根据圣经的律法，受害者的家人有权决定报复方式，或者是"以命换命"，或者是"以钱换命"。不管人们对该制度做何解释，下面这条似乎是清楚的——受害者的家人在决定一条生命值多少钱时有很大的话语权。如果按照圣经的原话，《出埃及记》的这两节经文可以简单归结为"要钱，还是要命"。

美国涉及非正常死亡的法律，部分继承自英国，不过英国的法律和圣经的律法有一个关键区别。在将近一千五百年前，英国的法律规定，杀人者必须向受害者的家人支付赔偿金，金额与受害者的身份有关。[9] 杀死一名骑士的赔偿金远高于杀死一个农民。稍后，英国的"贝克诉博尔顿案"（1808 年）开始确立民事审判的法律先例。[10] 在该案中，原告和他的妻子遭遇马车事故，丈夫受伤，妻子受了致命伤——她在临死前经历了极大痛苦。陪审团在裁决此案时得到指示，在确定损害赔偿金时，他们应该只考虑原告受到的伤害、他失去的妻子的陪伴，以及他从事故发生时到妻子死亡时的悲痛。陪审团在讨论适当的价格标签时，不应考虑死亡的配偶的生命。

"贝克诉博尔顿案"给陪审团的指示，影响了英国议会在 1846 年通过的《致命事故法》（又称《坎贝尔勋爵法》）。该法案规定，经济赔偿不适用于生命损失本身。[11] 在美国，许多州通过了类似的法案。[12] 只有五个州（康涅狄格州、夏威夷州、密西西比州、新罕布什尔州和新墨西哥州）承认，在非正常死亡案中，可以失去生命为由申请损害赔偿。[13] 不承认失去生命属于损害的四十五个州，对损害赔偿的认定极为苛刻，它们低估了幸存亲属蒙受的损失。

在一个法律体系（圣经法）中，确定失去的生命的价格标签的是受害者的遗属。在另一个法律体系（英国普通法）中，民事审判的赔偿不考虑失去的生命的价值。这两个法律体系的指导原则，都与我们普遍持有的公平观背道而驰。

经济损失在很大程度上影响着非正常死亡的赔偿金，这可能带来违背常识的判决，会让许多人觉得不人道或者至少不公平。我们不妨想想，孩子的生命价值可以说是负的，因为抚养、教育和其他的经济支持，往往超过他们未来为家庭提供的服务和做出的财务贡献的经济价值。子女往往要到很久以后才能提供服务或做出财务贡献，因此在计算经济收益时他们的价值较低。这个概念被称为"贴现"，我们将在下一章讨论。在这里，我们只需要记住，父母今天花在孩子身上的 1 000 美元，远比孩子二十年后给父母的 1 000 美元更有价值。

法院已经意识到，非正常死亡的儿童无法获得赔偿，这不管在逻辑上还是道德上都是说不通的。法官们有时会尽力证明儿童死亡案件的大笔赔偿金是合理的，同时避免逾越法律的框架。[14] 这通常意味着对非经济损失的强调。如果严格套用非正常死亡赔偿金的公式，将非经济损害（如幸存者遭受的精神打击、疼痛和折磨）与儿童为负值的经济损害相加，得出的可能是一个令人震惊的低金额。正因为很难准确预测一个孩子未来对家庭的经济贡献，法院有时会依靠统计平均数。[15] "9·11"事件受害者赔偿基金正是使用统计平均数来确定像塞巴斯蒂安这样的孩子的生命价值，这表明他们敏锐地意识到，这样做对维持表面的公平至关重要。

如果只关注经济损失，一个成年人的生命价值也可以是负的。[16] 不合常理的判决并不只存在于民事法的理论中。"瑟斯顿诉纽约州案"（2013年）便是一个发生在现实世界中的活生生的例子。[17] 劳里·瑟斯顿的姐姐谢里尔是一个州立精神医疗卫生机构的住院病人。谢里尔有严重的残疾，洗澡时需要一对一的看护。一次，她洗澡时无人照看，随后突然发病，被发现时已经失去意识。她当天就过世了。重度残疾并被送进医疗机构的谢里尔并没有收入损失。纽约州法律虽然允许以受害者经历的疼痛和痛苦为由索赔，但由于谢里尔从未恢复意识，所以被认为既没有感到疼痛，也没有经受痛苦。该诉讼案被驳回，被告没有支付赔偿金。在这样一起引人注目的案子中，不公平感是显而易见的。甚至连法官都评论说："最可耻的讽刺在于，如果谢里尔是动产而不是人，原告可以收回财产损失的价值。法院不得不执行这种不承认人类生命存在内在价值的法律，这是令人不齿的。" [18]

我们一次次看到，在过度依赖经济损失获得赔偿金的同时又期待公平，这是难以实现的。纽约州的民事法（没有为谢里尔的生命损失设一个货币价值）没能保护她，也没能保护任何没有对家人做出经济贡献的人。

拒绝为谢里尔的死亡支付赔偿金的逻辑，也使得不再工作并依靠家人财务支持的老人在过失致死中得不到赔偿金。如果考虑老人和孩子几乎为零的财务贡献，男性比女性获得更多报酬的性别薪酬差距，以及通常将白人男性置于经济金字塔顶端的种族不平等，我们可以看到，过度依赖经济损失会导致不公平的结论。如果人们普遍认为像谢尔这样的人的生命价值为零，那么更多的谢里尔在洗澡时就更有可能无人照看。在许多人看来，法院看重经济损失的事实表明，一个人的生命被局限在简单的现金流分析中，现金流为负的受害者不值得获得赔偿。对于许多人来说，这个结论不符合公平和人类尊严的基本原则。

部分受害者不值得赔偿的结论令人反感，一个显而易见的办法似乎可以解决这个问题。如果我们承认生命具有非经济价值（我们为幸存者的悲伤和他们从死者那里得到的爱、陪伴、照顾、指导和养育的损失赋予的价值），而且生命具有内在价值，那么法院就更有可能认定非正常死亡造成了受害者家属的净损失，从而判决被告需要做出经济赔偿。这种使用更高的非经济价值和更高的生命内在价值的解决方案，并非没有局限。如果我们允许法院在很大程度上根据某人生命的非经济价值和内在价值做出判决，而又没有提供确定这些价值的方法，那么法官或陪审团很可能会随心所欲做出判决。这可能使判决充斥着偏见和不公。虽然为所有生命赋予相同的非经济价值可以消除潜在的矛盾，但这又会使我们受到前面提过的批评：为所有"9·11"事件受害者赋予相同的生命价值，意味着失去一位诺贝尔奖得主与失去一个被定罪的连环杀手没有任何区别。

关于非正常死亡赔偿的法律还有另一个局限，即只有在法律上被认定是家人的遗属才有资格接受赔偿。[19] 如果一个人有预期收入，但没有被抚养人或配偶，那么经济损失就不予考虑。[20] 没有孩子的未婚成年受害者可能没有索赔人，除非他们的父母或兄弟姐妹成功起诉。

想想虚构的消防员里克的例子。"9·11"事件发生时，他已经订婚，准备在当年12月结婚，但由于婚礼没有举行，他的未婚妻在他死后没有得到任何赔偿。同样地，由于阿什莉和阿尼塔当时不能在纽约州合法结婚，而且阿什莉既不是阿尼塔的被抚养人，也没有从她那里得到财务支持，所以阿尼塔在9月11日遇害后，赔偿金归阿尼塔在印度尼西亚的家人所有，阿什莉没有得到任何赔偿。

有关民事诉讼的信息往往不对外公开，但有一点是公认的，那就是赔偿金在不同的司法管辖区会有很大的差异，而且陪审团往往会因为受害者生活中的一些不重要的方面为他的生命赋予很高的价值。例如，为什么喜欢户外活动的受害者比喜欢在家看电视的受害者的生命价值更高？这没有任何法律依据。[21]

允许法院决定一个人的生命价值之所以缺乏公平性，还有另一个原因。民事判决的赔偿金与律师的水平有关。富人和公司请得起一个法律专家团队，后者可以帮助他们找出最有可能促成大额赔偿金的陪审员和法律论点。试想一下，有两起一模一样的法律案件，一起的原告腰缠万贯，聘请了顶级律师；另一起的原告很穷，只请得起一名平庸的律师。我们似乎有理由推测，更好的律师更可能促成对原告较有利的判决。大多数打侵权官司的律师是收取佣金的，因此如果原告拥有强有力的证据，那么找律师应该不难，但无法保证能找到出色的律师。如果一个法律体系使律师能够在很大程度上决定生命价值，而穷人和富人请得起的律师的水平显然大不相同，那么我们能认为这个法律体系是公平的吗？

引人瞩目的案件获得了大量的公众关注，媒体也会究根问底。被告往往要在民事法庭和公共舆论中接受挑战。在这些备受关注的案件中，和解不再仅仅反映前文列出的标准。对于被告来说，支付大笔赔偿金，快速达成和解，往往比花费数年打官司划算得多，因为后一种情况会使他们面临其他诉讼或更大的声誉损害。

想想 2006 年肖恩·贝尔的死。贝尔本来计划与他两个孩子的母亲举行婚礼。但就在那天早晨，他和两个朋友被纽约市警察射杀，警察一共开了五十多枪。纽约市政府没有上庭，而是选择以 325 万美元与贝尔的家人和解。由于贝尔是在举行婚礼前被谋杀的，所以这笔钱只能给他的孩子。[22] 他的未婚妻无法直接得到和解金。事实上，贝尔的案子说明，我们现在使用的评估生命价值的几种方式仍然存在不公平的问题。赔偿金额远超 23 岁的无业者贝尔的预期收入，如果没有媒体的广泛关注，纽约市政府很可能会以更低的金额达成和解。在刑事审判中，没有一名涉案警察被定罪，包括那个开了三十一枪的警察。[23]

其他备受瞩目的案件也遵循类似的模式。埃里克·加纳案的和解金为 590 万美元，这个金额与 43 岁的加纳的预期收入毫无关系，他因非法销售香烟被捕，当时正在保释期。[24]25 岁的弗雷迪·格雷在被警察羁押期间过世，他身背二十多项刑事案件。[25] 他的死引发了巴尔的摩长达数日的抗议和骚乱。当 640 万美元和解金引起人们的关注时，巴尔的摩市长回应道：“民事和解的目的是给格雷的家庭、社区和这座城市一个交代，并避免耗时多年的民事诉讼。”[26] 简而言之，这与公平地评估格雷的生命价值几乎没有关系。

O. J. 辛普森案的民事审判最终判给罗纳德·戈德曼和妮可·布朗家人的赔偿金（3 350 万美元）比上述几起案件多得多。3 350 万美元包括给戈德曼家人的 850 万美元补偿性赔偿和给戈德曼家人、布朗家人的 2 500 万美元惩罚性赔偿。该判决受到加利福尼亚州的一项法律的影响。该法律规定，在计算赔偿金时可以考虑被告的支付能力。[27] 该判决的金额超过了辛普森的身价，因此它可以被认为主要是象征性的。

在评估生命价值时，非正常死亡诉讼的例子多少有些特殊。想想冤狱的例子。随着 DNA 检测技术的进步，越来越多含冤入狱的人沉冤得雪。在每个案例中，社会都剥夺了一名公民的自由，剥夺了这名公民对其家人、朋友的陪伴和支持，并使他丧失了职业发展的能力。这些人被释放后，往往身无分文，居无定所，没有保险，也没有前途。发生冤案的州应该做出赔偿，包括为受害者提供衣食住等基本必需保障，并提供社会服务来帮助他们重新在社会上立足。这也是衡量我们如何给生命标价的方法之一，在这个例子里，是我们如何给生命的质量标价。但事实上，有十七个州没有赔偿法。[28]

政府有时会对被告的责任做出限制，在经济上保护被告。想想在"9·11"事件后，国会将航空公司的财务责任上限定为 60 亿美元。州政府也可以限制自身在某些具体情况（如冤案）下的责任。各州在如何赔偿被错误定罪的囚犯方面的区别令人惊讶。在得克萨斯州，对被错误定罪者的赔偿是每年 8 万美元，外加相同金额的年金。2017 年，佛罗里达州规定的赔偿金为每年 5 万美元，最高 200 万美元。路易斯安那州的最高赔偿额为 25 万美元，无论这个人被错误地关押了多少年。[29]

就像引人注目的非正常死亡案件一样，引人注目的冤案的和解金也非常高。纽约市以 990 万美元与巴里·吉布斯达成和解。吉布斯遭一名腐败的警察陷害，含冤入狱二十载。[30]2019

年，加利福尼亚州一名含冤入狱三十九年的男子获得了 2 100 万美元的和解金。[31] 这些巨额赔偿金与北卡罗来纳州最高 75 万美元的赔偿金形成鲜明的对照。75 万美元正是亨利·李·麦科勒姆和利昂·布朗获得的赔偿金，他们因为被错误定罪，在监狱里度过了三十多年时光。[32]

与被错误定罪的人一样，由于不当行为受伤的人仍然健在，他们可以使我们从另一个角度观察价格标签和有关生命质量的原则。虽然我们没有统一的数据库来研究与伤害相关的民事判决的模式，但通过这些案件，我们可以看到一些与生命价值有关的有趣现象。在大多数州，人身伤害法的目的是使受害者得到补偿。这不同于非正常死亡方面的法律，后者的目的是使受害者的家人获得赔偿。在某些情况下，一个需要终生接受治疗、无法再工作的重伤者获得的赔偿金远超被误杀的人。我们再次以"9·11"事件受害者赔偿基金为例，获得该基金最高赔偿额的是一名幸存的重伤者。[33] 对伤者的赔偿可以超过对死者的赔偿，这似乎与直觉相悖，而且多少有些不公，但这就是法律不承认生命存在内在价值的结果。

之所以会有这样在道德上令人难以接受的结果，是因为与非正常死亡相关的法律没有考虑损失的全部价值。由此带来的另一个后果是，一些人的生命受到的保护少于另外一些人。由于对生命的低估和保护不足，非正常死亡的数量多于经济学家所谓的"最佳值"。虽然非正常死亡的数量存在最佳值这个说法听起来很残忍，但现实是，这种死亡确实会发生，而民事法庭的作用是使受害者的家人获得赔偿，并阻止其他人造成类似的死亡。当法院对生命的估值过低时，公司和政府就没有足够的动力去投资安全设备和设施。

刑事诉讼

民事审判使原告面对被告，而刑事审判则使政府面对被告。两者的一个关键区别在于，在刑事审判中，政府必须使陪审团相信，被告在排除合理怀疑的情况下是有罪的。[34] 通过研究刑事司法体系如何处理谋杀案和交通事故致死案，我们可以深入了解社会如何以非经济的重要性评估生命价值。从评估生命价值的角度看，一个关键问题是：法律面前真的人人平等吗？当谋杀案发生时，无论犯罪嫌疑人和受害者是谁，检察官都会起诉吗？许多学者和社会批评家追踪了美国刑事司法体系中的不公平现象。美国会区别对待被指控的凶手，这说明了我们如何评估生命价值，尤其说明了我们给哪些生命赋予了更高的价值。

就刑事司法体系而言，要惩罚一名凶手，必须要做到几件事——收集证据，证明确实是谋杀而不是意外死亡或自杀；一旦确定是谋杀，必须进行调查以锁定犯罪嫌疑人；随后，犯罪嫌疑人必须被起诉、被审判、被定罪，并受到法院的惩罚。在谋杀和最终的惩罚之间，许多因素会影响惩罚的严重程度。这些因素包括确认犯罪嫌疑人的能力、起诉犯罪嫌疑人的决定、定罪的能力，以及定罪后量刑的不确定性。所有这些变量都会影响凶手受到的惩罚，也反映了刑事司法体系如何评估生命价值。

美国的谋杀率远高于其他富裕国家。在经济合作与发展组织（以下简称"经合组织"）的三十六个国家中，只有墨西哥的谋杀率高于美国。[35] 加拿大、法国和英国的谋杀率只有美国的三分之一到五分之一。美国人获得枪支的难度比其他国家低得多，拥有枪支的美国人也多得多，全国大约三分之二的谋杀案涉及枪支。[36] 在经合组织中，只有一个国家的持枪率达到美国的一半。由此可以得出的推论是，美国人认为持枪权的价值高于每年因枪支而丧生的人的生命价值之和。

你是谁，你认识什么人，你住在哪里，这些都会影响你在美国被杀的概率。谋杀率受许多人口统计因素的影响。在美国，18岁至24岁年龄组的被杀率是其他年龄组的2倍以上，男性被杀的概率是女性的3倍以上。[37] 更年轻的成年男性被杀的概率更高，在其他国家同样普遍存在。[38] 从 2010 年到 2012 年，美国黑人的被杀率（每 10 万人中有 19.4 人被杀）是拉美裔（每 10 万人中有 5.3 人被杀）的 3 倍多，是白人（每 10 万人中有 2.5 人被杀）的将近 8 倍。[39] 这些种族和性别因素结合在一起，使黑人男性被杀的概率几乎是白人女性的 20 倍。[40] 在美国，将近 15% 的谋杀案的凶手是受害者的家庭成员，将近 30% 的谋杀案的凶手是受害者的朋友或熟人。[41]

美国及其内部特定族群高企的谋杀率，引发了无数质疑，并激起了无数作家、调查记者和刑事司法体系改革者的兴趣。不过在这里，我的兴趣仅限于下面这个问题：当涉及评估生命价值（包括凶手和受害者的生命价值）时，刑事司法体系的原则是一致的吗？

美国的刑法和圣经的律法都认为，杀人者并不都是一样的。《出埃及记》第二十一章第二十节和第二十一节讨论了奴隶的生命价值（"人若用棍子打奴仆或婢女，立时死在他的手下，他必要受刑。若过一两天才死，就可以不受刑，因为是用钱买的"）。圣经的结论一目了然。如果主人殴打奴隶，奴隶当场死亡，那么主人就要偿命。如果奴隶活了一两天才死，那么主人不需要偿命，甚至不需要付赔偿金。对于立即死亡和几天后死亡的区别，一种解释是，圣经或许试图区别故意杀人（受害者当场死亡）和非故意杀人（受害者一两天后死亡）。[42] 如果这种解释是正确的，这条原则同样适用于现代法律，后者对故意杀人的惩罚比过失杀人更严厉。

类似地，美国的法律也认为，并非所有凶手都是一样的。一级谋杀是有预谋的故意杀人；二级谋杀是没有预谋的故意杀人，或危险行为致人死亡，或罪犯明显不关心人的生命而致人死亡。[43] 过失杀人罪比谋杀罪轻。过失杀人罪分为两类：非故意（过失致人死亡）和故意（激情杀人或在遭受充分挑衅下杀人）。[44] 各州的法律有所不同，不同的州对杀人有着不同的定义。虽然这些区别对受害者来说并不重要，但对凶手的影响是显而易见的。过失杀人罪和一级谋杀罪的处罚是不同的。下面几个问题有助于区分不同类型的谋杀，并确定凶手应受到怎样的指控、接受怎样的惩罚。

第一个问题是凶手的意图。凶手是故意杀人，还是意外杀人？如果是意外，凶手是否有过失？凶手是被愤怒冲昏了头脑，还是有所预谋？

下一个问题是凶手是否有能力做出理性的决定。凶手是否有精神疾病或残疾？凶手是否有选择杀死某人的认知能力？凶手年龄是否大到能够理解什么是谋杀？

还有正当防卫的问题。凶手是在保护自己或他人吗？

受害者的政治地位也是一个问题。受害者是在国际上受保护的人，如外国外交官或外国官员吗？如果是，该罪行可能会从州犯罪上升为联邦犯罪，因为这些人更受政府重视。他们如果还活着，会得到更多的保护；如果被杀，凶手会受到更严厉的惩罚。[45]

最后，还要考虑法律地位和司法程序的问题。谋杀案是发生在内华达州（那里6%被定罪的凶手会进入死囚牢房），还是已经废除死刑的二十一个州？[46] 从法律的角度看，每起谋杀案和每名凶手并不都是一样的。影响犯人罪名和刑期的其他因素包括受害者人数、杀人的地点和凶手的背景。谋杀罪的这种划分虽然有一定逻辑，但不可避免地会导致法律因人而异。从刑事调查到最后的假释听证会或执行死刑的每一步都需要做出判断，被告和受害者很可能因为自身的身份而受到歧视。不分种族、性别、生活方式、社会经济地位和家庭状况，对受害者和被告一视同仁是很难的，而一贯的偏见模式表明，一些人的生命被赋予了更高的价值，因此能够得到更多的保护。

杀害一个有毒瘾的流浪汉的凶手，与杀害一位政治领袖、一名富商、一位著名的艺术家或其他社会人物的凶手，受到的对待自然不会一样。那些身处高风险环境，或与犯罪分子有联系，或本身就是罪犯的人，更有可能成为受害者。[47] 警察也可能认为这些受害者不太值得他们关注。[48] 最能引起同情、最能得到警察关注的受害者是无力反抗的人、犯罪发生时正在行善的人、犯罪发生时在得体的或安全的地方的人、被陌生人袭击的人、被公认的恶人袭击的人和被社会认定为受害者的人。[49]谋杀案调查员受访的内容，证实了一些人的死亡确实更容易引起警方的关注。他们表示，他们认为的"真正的受害者"是那些在错误的时间碰巧出现在错误的地点的人，这与在危险地点参与犯罪活动时被杀的人截然相反。[50]虽然像这样的轶事证据不该受到重视，但有统计学证据支持这样的事实，即当受害者是黑帮成员、毒贩、参与非法活动或有犯罪记录的人员时，破案率会大幅下降。[51]较低的破案率可能部分反映了社会为这些生命赋予的价值较低。

从更大范围看，媒体更容易吸引人们关注某些人的死亡。相应地，警察局也会分配警力去处理最受公众关注的案件。想想卡琳娜·韦特拉诺的案子。韦特拉诺是一个长相姣好的年轻白人女性，在家附近慢跑时被强奸并遭到杀害。这起谋杀案得到的媒体报道，远多于当年发生在纽约市的其他三百三十四起谋杀案中的任何一件。根据庭审证词（凶手最终在刑事审判中被定罪），纽约市警察局为回应公众的关注，成立了一个专案组，由大约一百名警探组成。[52]这起谋杀案具备引起高关注度案件的多个特征，警察为解决这起案件花费的精力，远多于同年发生的数百起其他谋杀案。[53]

如果对破案率的数据做个总结，我们会发现，受害者是女性或儿童的案件破案率最高，不过破案率的区别可能部分与谋杀案发生的环境有关。破案率是否与被害者的种族有关，是否存在不平等，这些目前还没有定论，不过如果受害者有过高风险行为、犯过罪或使用过毒品，破案率会低得多。

一旦警方确定了犯罪嫌疑人，政府就要决定是否起诉，以什么罪名起诉。如果杀人被认为是正当的，比如因为自卫或保护他人，那么政府就不会提起诉讼。正当杀人是一种正式的认可：在遭受某人的威胁，而且那个人有可能造成致命后果时，你可以把自己的生命看得比那个人的生命更有价值。这是合理的，在法律上也是可以被接受的。

佛罗里达州有所谓的"不退让法"，即允许一个人在有合理理由认为使用武力将"阻止死亡或严重的人身伤害"的情况下，可以使用致命武力，不需要退让。这项法律最初是在佛罗里达州选择不起诉谋杀特雷沃恩·马丁的乔治·齐默尔曼时援引的。不过有证据显示，齐默尔曼无视警察调度员的指示，这使许多人质疑他究竟是"不退让"，还是根据种族形象定性而挑起了与马丁的冲突。虽然我们永远无法确定，但如果该案发生在一个没有"不退让法"的州，结果可能截然不同。

非正当杀人的罪名有多种，从过失杀人到一级谋杀。交通事故致死是指疏忽大意驾车或以危险方式驾车而致人死亡的罪行。在交通事故致死案中，受害者可能是与肇事者同乘一辆车的乘客，也可能是与肇事者不在同一辆车里的人（如行人、骑自行车的人、驾驶其他车辆的司机或在其他车里的乘客）。这意味着，受害者可能比谋杀案的受害者更随机，更有可能被认定为只是碰巧在错误的时间出现在错误的地点的"真正的受害者"。

虽然沦为交通事故致死案受害者的随机性更大，但不平等仍然存在。当受害者是黑人或男性时，司机的刑期相对较短。[54] 当受害者没有工作时，司机的刑期也较短。最后一项观察符合这样一个事实，即涉及无业者意外死亡案件的民事赔偿金，要少于有收入的受害者的赔偿金，因为收入损失是决定价格标签的主要因素。就交通事故致死案而言，黑人和失业者的生命价值更低，受到的保护更少。

死刑是有争议的。在美国，既有坚定的死刑支持者，也有坚定的反对者。在国际上，死刑不是常态，绝大多数国家要么不允许所有罪行都适用死刑，要么在实践中不执行死刑。[55]2017 年，全世界一共有二十三个国家执行了死刑。美国执行死刑的数量排在第八位，少于伊朗、沙特阿拉伯和伊拉克等国。[56] 美国是美洲国家组织（有三十五个成员国）中唯一没有废除死刑的国家，也是欧洲安全与合作组织（有五十七个成员国）中仅有的两个执行死刑的成员国之一。显然，在对待死刑的态度上，美国与其他高收入国家完全不同。

在美国，三十一个州有死刑[①]。在这些州，司法体系有权衡量允许罪犯继续活下去的价值和终止罪犯的生命的价值哪个更大。判处死刑也就意味着，州得出结论，结束罪犯的生命可以使社会获得更大的收益。这并不是说，州希望通过死刑（而不是终身监禁）来节省资金。事实上，若干研究表明，当州寻求判处死刑时，其成本远高于不判处死刑的类似案件。死刑案件的增量成本是与起诉、辩护和上诉相关的费用的增加造成的。[57]

死刑通常适用于谋杀罪，不过有些州的法律允许判处贩毒、严重暴力、绑架、劫持飞机和强奸儿童的犯罪者死刑。[58]即使犯罪者所在州没有死刑，他也可能因为适用联邦法律而被判处死刑。对波士顿马拉松爆炸案主犯焦哈尔·察尔纳耶夫的审判就是一个例子。虽然罪行发生在已经废除了死刑的马萨诸塞州，但他在波士顿的联邦法院被判处死刑。

多项研究表明，在谋杀案受害者是白人而凶手是黑人的情况下，被告被判处死刑的可能性要大得多。[59]在美国全国范围内，受害者是白人、被告是黑人的案件，判处死刑的概率最高；其次是受害者是白人、被告是白人的案件。判处死刑概率最低的是受害者和被告同为黑人的案件。[60]

---

① 当前的数据有所变化。——译注

更高的死刑判决率，可能是不同的案件在司法程序中的一个或所有环节的差异造成的，这些环节包括大陪审团决定起诉、检察官决定指控被告犯有谋杀罪、地区检察官决定寻求死刑判决、陪审团决定判处死刑。[61] 得克萨斯州是最适合分析这四个环节的地方，因为在 2011 年到 2014 年，该州判处的死刑数量约占美国死刑总数的三分之一。[62] 哈里斯县（休斯敦）是得克萨斯州执行死刑最多的地方，在 1976 年到 2015 年执行了一百一十六次死刑。[63] 哈里斯县的地方检察官更有可能在受害者是白人、犯人是拉美裔或黑人的案件中寻求判处被告死刑。[64] 虽然黑人比其他人更有可能沦为多人命案的受害者，但在寻求判处被告死刑方面仍然存在着种族差异。这进一步证明了这样一个事实——在受害者是黑人的案件中寻求判处被告死刑的难度大于受害者是白人的案件。

在俄亥俄州，在凶手是黑人男性而受害者是白人女性的谋杀案中，15% 的案件以判处被告死刑告终。[65] 与之形成鲜明对照的是，在二十起凶手是白人女性而受害者是黑人男性的案件中，没有一名被告被判处死刑。在更大的范围内，根据统计数据，当受害者是女性或白人或孩子（12 岁或更小）时，被告更有可能被判处死刑。如果凶手是陌生人，那么他被判死刑的可能性更大。

北卡罗来纳州的谋杀案数据显示了类似的模式。[66] 受害者是白人的谋杀案更有可能判处死刑。此外，如果受害者有犯罪史，凶手很少被判处死刑。这两个观察结果和破案率数据一致。

判决中种族不平等的现象，得到了以下事实的支持：黑人被错误定罪的比例远高于其他族裔。根据美国除罪释放登记机构的报告，在所有被控犯有谋杀罪的被告中，"无辜的黑人被判谋杀罪的可能性是无辜的白人的 7 倍"，在被判谋杀罪的囚犯中，黑人囚犯被冤枉的可能性比其他族裔的囚犯高 50%。[67]

种族不平等的影响显而易见。虽然奴隶制已经结束了一百五十多年，再加上民权运动、具有历史意义的立法，以及所有美国公民在法律面前人人平等的宣言（这样的宣言如今无处不在），刑事司法体系对黑人的保护仍然不如白人。

这些都是基于大量观察的统计学结果，不过引人注目的反例总是存在的。黑人 O. J. 辛普森虽然被指控杀害了一名白人女性和一名白人男性，却被宣告一级谋杀罪名不成立。他花天价请来的律师团队打了一场精彩的官司，而其他依靠公设辩护人的被告根本不可能指望复制辛普森的例子。

同样真实的是，政府常常明确表示，某些生命的价值高于其他生命，因此值得更多的保护。想想警察、消防员和民选官员，他们被赋予了特别的权利。在加利福尼亚州，谋杀警察的惩罚比谋杀其他人的惩罚更严厉；康涅狄格州有专门条款来保护履行职责的警察、警长、惩教署雇员和消防员。[68] 向从事这些职业的人提供额外的法律保护，可能反映了这样一种想法——这些人由于自身的职业，可能面临更大的风险，或者社会为他们的生命赋予的价值高于其他人。谋杀这些人的惩罚更为严厉，表明相较于不从事这些特定职业的其他受过教育的专业人士（如教师、社工、医生和护士等），他们的死亡给社会带来的损失更大。之所以给予这些公职人员更高水平的保护，可能是因为他们在社会上行使着重要的职能，也可能是因为其他考虑。不管是因为什么，事实是，社会根据人们从事的职业，给予人们的生命不同程度的法律保护，并相应地赋予不同的价值。相较于政府认定的没那么值得保护、价值更低的生命，如果法律规定从事某些职业的人的生命应该得到更多的保护，那就直接挑战了法律面前人人平等的观念。

公职人员不仅生命价值比其他人高，他们采取暴力行为时受惩罚的可能性也低得多。据报道，2018年，美国有九百九十八人被警察枪杀，2015年、2016年和2017年的数字与此相近。[69] 很少有警察因为杀人被起诉。从1977年到1995年，没有一名纽约市警察因执勤时开枪致人死亡而被判杀人罪。[70] 2015年，警察杀害手无寸铁的黑人的案件有一百多起，只有一名警察入狱服刑。[71] 这通常是因为，大家认为在这种情况下杀人是正当的。警察可以合法且正当地使用致命武力的情况，远远多于普通公民。

警察执勤时杀害公民很少被定罪的另一个原因是，当地区检察官起诉警察时，双方会出现利益冲突。[72] 毕竟，地区检察官必须与警察密切合作才能完成任务，所以起诉警察可能会使他们未来无法顺利工作。虽然验尸官报告称埃里克·加纳死于谋杀，但潘塔莱奥警官并没有因为杀害加纳而被起诉，与肖恩·贝尔的死亡有关的警官也没有被定罪。考虑到美国一贯低估某些人（主要是穷人和非白人）的生命价值，这没什么值得惊讶的。[73] 如果遭潘塔莱奥"锁喉"而亡的是一个在社会看来更有价值的人，比如一个富有的知名白人摇滚明星，而不是一个贫穷的黑人，那么他受到的法律惩罚可能会非常不同。

显然，不管是民事司法体系，还是刑事司法体系，都没有赋予所有生命相同的价值，因此也没有平等地保护所有生命。

民事法庭的判决赋予一些生命更高的价值，却赋予另一些生命负值。在更引人注目的案件中，原告获得的赔偿金更高，而且金额因州而异。最高收入者的家人得到的赔偿金高于低收入者的家人获得的赔偿金。据估算，美国白人家庭的平均净资产大约是黑人家庭的 13 倍，白人家庭的收入中位数比黑人家庭高 60% 以上。[74] 收入和财富方面的种族不平等预示着，平均而言，黑人死亡案件的民事审判赔偿金将远低于白人死亡案件的赔偿金。换句话说，白人的收入高于黑人的事实表明，在其他变量相同的情况下，民事审判的判决往往给白人的生命贴上更高的价格标签。

至于刑事判决，法律明显偏向警察等公职人员。除此之外，虽然法律表面上不看受害者的性别、种族、社会地位和犯罪史，但现实是，法律面前并非人人平等。"平等保护条款"可能写进了美国宪法修正案，但资料清楚地表明，检察官以何种罪名起诉犯罪嫌疑人、被定罪的犯人将受到怎样的刑事处罚，取决于受害者是谁，有时还取决于犯谋杀罪的是什么人。法律体系的所有参与者，包括警察、检察官、法官和陪审团，都在造成不平等的过程中发挥着作用，这导致一些生命比其他生命获得更高的价值，并因此得到更多的保护。

民事判决和刑事判决反映了司法体系如何评估生命的货币价值和非货币价值，这反过来反映了在实践中，公平和平等在多大程度上被司法体系当作指导原则。类似地，环境保护署和美国联邦航空管理局等监管机构也会做成本效益分析，其中的关键输入项反映了国家监管体系如何给人的生命标价及所有生命是否得到公平对待。正如我们将在下一章看到的，司法和监管体系都显示了美国政府的某些部门如何在工作中使用价格标签，如何低估一些生命的价值，没有提供足够的保护。

第四章
你的水里多点砷

ACME 是一家虚构的火力发电厂，位于密歇根州，该州大约一半的电力仍然依赖煤炭。[1]ACME 是一家中型火力发电厂，建于 20 世纪 70 年代初，所用煤炭是通过铁路从怀俄明州运来的。该厂有四十五名正式员工。虽然利润率不断下降，但这座工厂的主人（第四代密歇根人）仍然坚持资助当地的女子冰球队。由于天然气竞争对手带来的价格压力和环境保护署即将颁布的新法规，他们的商业前景堪忧。环境保护署的决定对居住在 ACME 附近的每个人的健康，ACME 工厂主、雇员及其家人的生计都有影响。新的法规会大幅增加成本，从而降低 ACME 的盈利能力，并可能导致工厂主搬迁工厂或裁员。环境保护署颁布新法规的用意是增加当地人的

---

① 该机构是虚构的，只是为了便于读者理解。如有雷同，纯属巧合。——原注

福祉，包括保护受 ACME 污染物影响的人的健康，延长他们的寿命。

环境保护署和其他监管者使用成本效益分析来确定，更严格的法规带来的收益是否大于成本。生命的价值如果被低估，那么它就无法得到充分的保护。在这方面，联邦监管法规是最不透明的。无论我们谈论的是火力发电厂的排放标准，还是饮用水中砷含量的标准，给生命标价都与美国监管机构的日常工作息息相关。至于如何在企业的短期利润与公共安全之间做取舍，产业监管者与产业支持者往往各执一词。其他常见的争论或者发生在不同产业之间（这些产业可能因为新法规而获益或受害），或者发生在产业龙头和颠覆性的新入局者之间。当这些争论受到公众关注后，决定一项法规是否有利的计算往往被说成是绝对可靠的科学方法。事实上，有意或无意的选择很容易操纵成本效益分析，由此得出的结论可能会高估或低估一项法规的价值，这被称为"有偏估计"。不管是人为造成的有偏估计（被称为"博弈"），还是无意识的选择，都会影响分析的结果。这些有意或无意的选择在现实世界的后果是，生命经常暴露在不必要的风险中。

统计生命价值的具体金额、对当前生命和未来生命的相对价值的假设，往往是此类监管计算中最重要的两个考量因素。为了确保生命得到适当的保护（而不仅仅是为了企业利润最大化去赌博），公益维护人 ①、消费者权益保护团体和公众必须谨慎地检查监管者和行业支持者提出的论点和证据。本章将告诉你做到这一点所需的基础知识。

无论监管哪个行业的联邦法规，一般都要遵循相似的科学标准，并将成本效益分析的重点放在受影响的群体，而不是有名的、具体的个人身上。因此，不管是食品药品监督管理局、联邦航空管理局、职业安全卫生管理局，还是环境保护署，都倾向于采用类似的分析方法来证明一项法规的合理性。[1]信息与监管事务办公室负责监督法规的起草和政府各部门的执行情况，它隶属于白宫行政管理与预算办公室。信息与监管事务办公室的部分职责是"核算收益和成本，既要量化考虑，也要质化考虑"，但同时"承认一些收益和成本难以量化"。[2]里根执政时期发布的12291号行政命令规定了这项职责，后来克林顿执政时期发布的12866号行政命令和奥巴马执政时期发布的13563号行政命令做出了修改。[3]

信息与监管事务办公室为成本效益核算制定的官方指导原则，听起来完全合乎逻辑和正义。不过，问题藏在细节里，特殊利益集团往往在细节方面拥有太大的影响力。成本效益分析很容易被操纵，从而得出扭曲的结果，这取决于政客、官员、

---

① 在公用事业收费、环境保护等公共事务上的公众代言人。——译注

行业专家和特殊利益代言人的影响力。简而言之，不同的人有不同的假设，这些假设反映了他们各自的优先事项和利益。因此，成本效益分析的关键假设和输入项因机构、研究人员和既得利益者不同会有很大差异。例如，如果能阻止环境法规出台，避免大幅提高成本，ACME 显然能够得利；相反，如果此类法规出台，那些生活在 ACME 工厂下风口的人将获得明显的益处，因为他们能够呼吸到不损害其健康的空气。

成本效益分析可以考虑公平、生活质量和其他难以量化的因素。但是正因为难以量化，这些因素往往很少被考虑，有时甚至完全被忽视。相反，可量化的生命价值（如可预防的死亡人数和统计生命价值），往往是监管机构在计算收益时的主要考量因素。

为了更好地理解特殊利益集团如何影响成本效益分析，我们有必要了解这种分析的复杂性。自 20 世纪 30 年代以来，成本效益分析一直是美国监管机构的重要工具，是计算和比较一个决策、一个项目或一项政策的成本和收益的标准化流程的一环。[4] 监管机构已经确立了成本效益分析的标准方法，并遵循这些有明确定义的步骤 [5]：

1. 确定正在考虑的可能实施的法规（没有法规和什么都不做也是备选项）。

2. 确定谁有立场（需要考虑谁的成本和收益）。

3. 选择衡量指标，对成本和收益分类。

4. 以量化的方式预测一段时间内的成本和收益。

5. 通过给所有成本和收益指定货币价值，将所有影响货币化。

6. 由于时间的流逝，要对成本和收益贴现，计算出每项成本和收益的现值。

7. 将步骤6的每一项相加，计算出每项可能实施的法规的净现值。

8. 进行敏感性分析。

9. 提出建议。

审视这些步骤时，我们将强调标准方法中值得关切的地方，包括价格标签的作用、对公平的考量，以及特殊利益集团会在哪些方面影响成本效益分析。一些关于成本效益分析的最重要的决定是在前几个步骤做出的。在确定可能实施的法规时，要给出备选项的范围。例如，如果法规是关于饮用水中某种有毒物质含量的标准，那么方案就应涉及不同的含量。如果正在考虑的法规的要求是低于 5 ppm、10 ppm 或 20 ppm，那么更严格的法规（如要求低于 0.1 ppm）就不在考虑范围内。可能的法规要与现状，也就是当前的法规做比较。

假设你在环境保护署工作，负责做一项成本效益分析，以确定煤炭发电厂和天然气发电厂排放的碳、二氧化硫和氮氧化物的标准限值。你应该确定一组可能的标准限值及达到这些限值的时间表，并在成本效益分析中进行计算。这些可能的标准限值，应该与当前的标准限值做比较。这种分析并不是在真空中进行的。发电厂为影响分析，替自己的行业谋取利益，会资助游说者和研究人员。除了发电厂，其他群体同样可能受到新法规的影响，包括生活在发电厂附近的患有哮喘病的儿童、怀俄明州养家糊口的煤矿工人和作为竞争者的天然气发电厂的员工。

考虑到发电厂的目标是尽量阻止可能提高成本的法规出台，它的支持者会提出，新法规将带来令人望而却步的高昂成本，而相应的好处却微乎其微。他们可以通过各种方式使成本效益分析支持他们的主张，比如，限制有资格表达立场的人（可能从火力发电厂减少废气排放中受益的人）的数量；向环境保护署虚报按照更严格的法规引进清洁设备和新的碳捕集方法的成本；质疑支持改善空气质量对健康有利的科学研究；建议采用较低的统计生命价值；采用高贴现率，使成本（在短期内发生）大于收益（在未来获得）。

一旦确定了一套可能实施的法规，监管者就需要决定应将谁的成本和收益纳入分析。分析可以在地方、州、区域、国家或国际层面进行。选择有立场的人很重要，因为如果选择的范围太窄，受害或受益的群体可能被排除在分析之外。

当某种行为（如火力发电厂排放的废气随风飘散）的负面影响跨越国界时，受影响群体遭到忽视的问题立即会浮现出来。造成跨国环境影响的那个国家的法规自然会成为争议的核心。当一家工厂排放的污染物对邻国公民的健康产生负面影响时，只有当这些外国人有资格表达立场时，这些影响才会被考虑。如果分析没有将他们的立场纳入考虑，那么他们健康受到的损害和增加的死亡风险就完全被忽略了。

ACME 的工厂在加拿大边境附近。当加拿大人的立场被纳入分析时，加强监管所挽救的加拿大人和美国人的生命都会出现在等式的收益一侧。这会使收益增加，从而让更严格、更高成本的法规更有可能通过。当加拿大人的立场没有被纳入分析时，加强监管的收益会更小，因此更难证明更严格的法规带来的更高成本是合理的。

ACME 是虚构的。现在让我们来看一个真实案例。如今，许多受气候变化负面影响的人没有被纳入分析，因为他们并未生活在温室气体排放最多的国家，所以没有出现在该国的成本效益分析中。谁有资格被纳入分析，取决于谁受到一个项目或一项法规的影响。这意味着，一项法规有时可能需要在地方、州、国家和国际层面做成本效益分析。

在确定谁有资格被纳入分析后，分析师要确定所有的输入项和输出项，而且只计算有资格被纳入分析的人受到的影响。这是成本效益分析的一个关键时刻，因为没有列出的输入项和输出项不会直接计入分析之中。输入项和输出项不仅应该包括法规对财务的影响（如收入和商品及服务的消费），还应该包括对更多项目的影响（如环境、健康、犯罪率和生活质量等）。

在确定了可能实施的法规、谁有资格被纳入分析、输入项和输出项之后，分析师必须量化每个可能实施的法规在一段时间内的影响。在考虑法规是否应将污染水平限制在 5 ppm、10 ppm 或 20 ppm 时，分析师需要估算这三个选项和当前规定所需的输入项和由此得出的输出项。

预测落实一项新法规所需的成本，通常比预测这项新法规的影响更容易，因为前者往往比后者更清楚。例如，某项法规如果旨在降低发电厂（比如 ACME）排放物的标准限值，就必须估算安装和运行碳捕获设备和清洁设备的成本。但是，如果提出的法规是全新的，没有先例可供借鉴，那么估算成本就会更加困难，而且往往不准确。既得利益者经常在估算成本这个环节做手脚。反对监管的人在估算成本效益时，倾向于尽可能高估新法规增加的潜在成本，尽可能低估潜在收益，并且往往会夸大监管造成的经营困难。支持监管的人则倾向于尽可能低估新法规的潜在成本，尽可能高估潜在收益。

大多数情况下，实施一项法规的成本是被高估的。[6]这可能是因为分析师未能预见技术的进步。不过，高估也可能是因为行业游说者的影响，比如在 ACME 的案例中，如果降低空气污染物标准限值的成本被高估，它就可以获益。行业游说者的影响力显然过大了。毕竟，许多美国大公司支付给游说者的费用甚至高于它们支付给联邦政府的税金。[7]公司将游说活动视为旨在影响政策和决策的商业投资，而且通常会产生高额回报。[8]

在收益方面，影响往往不那么透明，更不容易说清楚，也难以量化。[9]预期收益不仅包括货币收益，也包括非货币收益，如改善健康状况、提高生活质量、降低死亡风险、保护生物多样性和更大范围内的环境影响。法规越是复杂或独特，后果越是难以准确预测。一般来说，预测的时间越长，因果关系就越不明确，准确性就越低，因此想将收益与法规的因果关系准确地找出来也就越困难。试想如果分析员试图准确而合理地估算一项新法规（可能是关于自行车道或碳排放的）在未来二十年或三十年内对公民健康造成的影响，他需要面对多大的挑战。

法规的长期影响全部得到预测和量化后，每个影响都要被货币化。某些影响（如经济增长）本来就是用美元表示的。虽然预测存在不确定性，但没有必要将其转换为货币单位。就针对煤炭发电厂和天然气发电厂的法规而言，像煤气洗净器这样的废气排放控制设备的成本已经用美元表示了。

与之相反，对人类健康和生命的影响需要被货币化，这些影响需要用价格标签来表示。这里分析师又要用到统计生命价值。不过我们将看到，它不是以经济学家经常描述的方式出现的。前文提到，统计生命价值应该代表一个群体愿意为减少死亡风险而支付的金额。这个价格标签（不管是 910 万美元还是多少）是通过风险的概念估算的。在估算这个数字时，经济学家不会直接要求人们给生命（或死亡）标价。然而，分析师在做成本效益分析时，却经常忽视死亡风险和死亡本身之间的区别。[10]

在白宫行政管理与预算办公室的指示中，这个问题的处理方式是明确的。各机构被告知，收益不是从死亡风险降低的那一刻起开始计算的，而是从预期死亡被避免的那一刻起开始计算的。避免死亡比减少死亡风险要迟得多。[11] 统计生命价值的定义和实际应用之间的这种不同很好地说明了公式背后的技术问题，这种问题有很大影响。分析师仅在避免预期死亡那一刻应用统计生命价值，他其实做了一次重大转换，因为风险降低（估算统计生命价值的基础）发生在此刻，而避免死亡往往发生在数十年以后。通过将获得收益的时间推迟几十年，监管总收益由于贴现而大幅减少。贴现的意思是，今天的 1 000 美元比未来的 1 000 美元更有价值。

如前所述，不同的美国政府机构使用不同的价格标签，其中许多在 800 万至 1 000 万美元之间。[12] 不同的价格标签不仅凸显了估算生命价值在理论和实践上的诸多局限，也证明了这样一个事实，即价格标签可能因性别、收入、种族、职业、是否加入工会、个人风险承受能力和估算时间而不同。[13] 考虑到多个变量均会影响统计生命价值的估算，政府各部门使用单一的价格标签更加符合逻辑，也更有说服力。这个观点得到白宫行政管理与预算办公室前主任卡斯·辛施泰因的支持。[14]

各部门使用相同的价格标签的另一个好处是，可以防止监管者为不同的群体赋予不同的生命价值。所谓的"老年人死亡折扣"就是一个有名的例子。弗朗克·阿克曼和莉莎·海因策林在 2004 年出版的《无价》一书中，讨论了当时环境保护署在制定价格标签时，试图赋予 70 岁以上的老人的生命更低的价值。这是赤裸裸的不平等，而且没有任何事实依据（老年人并不认为自己的生命价值比年轻人低）。由于引发众怒，环境保护署退缩了。同样地，联合国政府间气候变化专门委员会也试图根据国家的贫富来为生命赋予不同的价值，但因为引发众怒而退缩了。[15] 对不同人群使用不同的价格标签，会使价值较高的生命得到更多的保护，因为拯救这些生命带来的经济收益更大。我们不妨做一个思想试验。假设一项拟议的法规可以拯救五百条生命，每条生命价值 1 000 万美元；或者拯救六百条生命，其中一半价值 1 000 万美元，一半价值 500 万美元。第一个方案比第二个方案少救一百条生命，收益却更大，因为第一个方案中的生命价值之和大于第二个方案。赋予不同生命不同的价值，会带来严重不公平的后果。赋予所有人相同的生命价值，不仅是最简单、最合理的选项，还可以避免分析师赋予不同群体不同的生命价值所带来的负面后果。这个结论与"9·11"事件受害者赔偿基金的负责人肯尼思·范伯格得出的结论一致。范伯格说，未来在决定如何分配资金时，所有生命都应该被赋予相同的价值。

在更大范围内，统计生命价值给出的精确的价格标签可能左右成本效益分析的结论。反对法规的人大多主张使用尽可能小的值，以便将预测的收益降到最低，而支持法规的人则更倾向于主张使用更高的值。

虽然统计生命价值适用于出现死亡的案例，但做成本效益分析时，分析师还应考虑其他影响人类生命的因素，如降低发病率、减少伤害、减少焦虑和提高生活质量等。与健康和生产力有关的收益，如防止过早死亡及减少急诊室就诊率、医院入院率和损失的工作日，都应该被货币化。[16] 法规的其他结果，如对环境的影响，也应该得到量化和货币化。

从更广泛的角度看，非人物种，包括斑点猫头鹰、秃鹰、鲸鱼和不太受欢迎的动物，都受到环境法规的影响。所有这些影响都需要被货币化，并纳入成本效益分析。

卡斯·辛施泰因在《成本效益革命》一书中，首先指出了成本效益分析的优势。不过在书的结尾，他得出结论，成本效益分析存在许多弊端，包括无法处理挽救大量或少数生命的问题，难以反映失业的影响，无法处理大量人口蒙受很小的经济损失的影响，无法体现强烈的情绪反应，无法计算让人更方便和舒服等收益，无法处理涉及不完整知识的情况，无法处理难以量化的尊严、公平和公正等，以及无法处理可能造成不可逆的伤害的行为。[17]

前文提到过，一些经济学家通过研究人们为降低风险愿意花多少钱来估算统计生命价值。这种方法虽然存在明显局限，却经常被用来评估保护动植物群的货币价值。如果结果显示，人们不愿意花钱保护某个物种，那么在成本效益分析中，保护该物种的价值就是零。支付意愿反映了今天接受调查的人们的优先级和价值观，而不是未来世代的优先级和价值观。由于我们不可能穿越到几十年后去询问人们的意见，然后再回到今天，所以经济学家在做成本效益分析时，通常假设未来的人的价值观与今天的人一样。[18]

我们需要花时间来反思人类中心的视角，考虑以今天的人的优先选择为主的弊端。本书完全是从人类的角度书写的。换言之，即使我们在讨论为其他生命贴上适当的价格标签时，它们的生命价值也只是基于人类觉得它们有多大的价值。这背后的假设是，动物没有内在价值。观点、优先级、对公平的判断和价值观会随着时间的推移而改变。许多在几十年前（更不用说在几个世纪或几千年前）被普遍接受的态度和行为准则，现在看起来是狭隘的、不可接受的，甚至是野蛮的。同样地，以人类为中心评估动物的生命价值，在后代看来也可能是原始的观点。后人可能会质疑，为什么今天有人认为有些动物（如熊猫、北极熊、狗和老虎）的价值比其他数以百万计的动物物种高得多。

成本效益分析有一个先天不足，即并非每个重要的影响都能被量化或货币化。这是一个关键的制约因素，许多重要的影响因此或者被忽视，或者被低估。当影响不能被量化（比如，一项新法规能防止多少次恐怖袭击）或量化的结果不能被货币化（比如，提高美国某个特定群体的生活质量值多少钱）时，分析师很少有可用的工具。此时，分析师可以做盈亏平衡分析。这需要计算收益多大时，法规才是合理的。盈亏平衡分析对法规的支持力度更弱，因为它得出的是一个收益的阈值，而不是用美元表示的净现值。从直观上看，盈亏平衡分析的说服力远远低于影响可以被精确量化、量化结果可以被货币化的分析。由于证据较弱，如果某项法规存在着不能被货币化的重大影响，因而不得不使用盈亏平衡分析，那么它通常不太可能通过成本效益分析的检验。

成本效益分析应该总是包含一个详细的敏感性分析。敏感性分析的目的是系统地确定一系列关键输入参数与假设之间的关系，如贴现率和以此为基础的成本效益分析结论。监管者审查输入项的一系列合理的假设，计算出分析结果的范围。这种系统的敏感性分析使监管者能够检验分析的可靠性，并从成本效益的角度具体指出在哪一组输入项和假设下，该法规合理或不合理。

将所有明确的、可量化的影响货币化后，分析师可以估算成本和收益的美元价值，画出时间函数。成本发生的确切时间和获得收益的确切时间是至关重要的。假设你有两个可供选择的投资方案，都是花费1万美元，回报1.1万美元。选择第一个投资方案，你可以在十年后得到1.1万美元；选择第二个投资方案，你可以在第二年得到1.1万美元。第二个选项显然更好，因为只需要等一年（而不是十年），你就能有1.1万美元用于消费或再投资。不需要计算，你就可以知道，相较于第一个方案，第二个方案可以让你用原来的1万美元赚到更多钱。虽然直觉很有帮助，但重要的是，我们要用贴现率来公平地比较具有不同成本和收益的长期投资和现金流。贴现被应用于许多领域，从成本效益分析到企业财务预测，再到个人投资规划。[19]当投资方案的财务成本和收益分散在不同时间时，贴现是比较不同投资方案的标准方法。贴现在成本效益分析中的应用，对分析结论极为重要。

贴现的反面是复利。在银行存过钱的人，想必对复利的概念已经耳熟能详了。如果我们把 1 000 美元存入银行，年利率是 3%，那么一年后银行账户里将有 1 030 美元。我们用最初的 1 000 美元赚取了 30 美元的利息。两年后，银行账户里会有 1 060.9 美元。第二年，我们用原来的 1 000 美元又赚了 30 美元，用第一年赚的 30 美元利息赚取了 0.9 美元。

从这个复利的例子可以看出，今天的 1 000 美元比一年后的 1 000 美元更有价值，因为今天的 1 000 美元可以用来投资。这就给我们留下了一个问题：一年后的 1 000 美元在今天到底值多少钱。套用我们计算复利的公式，以 3% 的贴现率贴现一年后的 1 000 美元，我们可以计算出它在今天大约值 970.87 美元（1 000 除以 1.03）。今天的 970.87 美元就是一年后的 1 000 美元的现值。

贴现预测的成本和收益，不同时间的现金流就可以转化为单一的计量单位，即现值。贴现意味着我们调整了未来现金流的价值，以表示不同时间的货币价值。时间越长，贴现对现值的影响越大。在 3% 的贴现率下，一年后的 1 000 美元大约相当于今天的 970 美元，十年后的 1 000 美元大约相当于今天的 744 美元，二十年后收到的 1 000 美元大约只相当于今天的 554 美元。

更常见的情况是，获得收益的时间越晚，收益的现值就越低。使用贴现率对政策的影响很大。例如，使用贴现率"意味着只要灾难来得足够晚，社会就不值得去避免未来可能严重影响经济的环境灾难，哪怕花费微不足道"。[20]

改变贴现率有深远的影响。正如我们刚才举的例子，当贴现率为 3% 时，一年后的 1 000 美元的现值为 970.87 美元。如果贴现率提高到 5%，现值就会下降到大约 952 美元。如果贴现率降到 1%，现值就会变成大约 990 美元。现值对贴现率非常敏感，贴现率越高，现值越低。时间跨度越长，贴现率越重要。这和存款相似。存款的收益由利率和投资时间决定。表 1 总结了未来十年、五十年和一百年后的 1 000 美元的现值，贴现率介于 1% 和 10% 之间。

表 1　不同贴现率下，现值随时间变化

贴现率	十　年	五十年	一百年
1%	905.29 美元	608.04 美元	369.71 美元
4%	675.56 美元	140.71 美元	19.80 美元
7%	508.35 美元	33.95 美元	1.15 美元
10%	385.54 美元	8.52 美元	0.07 美元

贴现率在数学上再次印证了我们的直觉，即上述两种投资方案中，第二种更好。贴现率反映了一个普遍的想法，即今

天可用的一定数量的资源比未来可用的相同数量的资源更有价值。

贴现并不是确定的，最根本的问题在于如何选择合适的贴现率。可以用于这种计算的贴现率有多种，每种都有合理性和局限性。[21]恰当的贴现率是多少，这是可以讨论的。重要的是，要注意贴现率对现值的影响。我们已经看到，选择的贴现率越大，越往后收益的现值越低。换言之，贴现率越高，具有短期收益的法规就越有可能通过，而只有长期收益的法规就越不可能得到支持。也就是说，贴现率越高，人们越短视。ACME 的游说者可能会支持使用更高的贴现率，这样一来，由于更干净的空气而得到改善的健康和被挽救的生命的收益就会小得多。考虑到这一点，监管者往往有标准的默认贴现率，所以游说者在这方面能起的作用有限。

在商业投资等财务决策上应用贴现的概念，是基本的、直接的和必要的。在这种情况下，分析师需要分析不同的投资方案，贴现发生在不同时间点的成本和收益后，便可以按相同的尺度（现值）加以比较。如果一名分析师无视贴现，只是简单地将成本和收益相加，而不管这些成本和收益是何时发生的，那么他就忽视了货币的时间价值。这是一个数学错误，会带来错误的答案。

将贴现纳入商业投资决策过程，这在数学上是正确的，在道德上也没有争议（它只是用相同的单位，即现值来衡量所有的成本和收益）。但当我们谈论的不再是金钱的流动，而是人的生命时，争议便出现了。虽然今天的 1 000 美元显然比十年后的 1 000 美元更有价值，但今天的一千条生命比十年后的一千条生命更有价值吗？当监管者以挽救的生命来衡量一项法规的收益，然后通过使用统计生命价值将影响货币化时，他们已经将这些被拯救的人的生命转化为以美元衡量的长期收益。当监管者贴现这些货币化的生命价值时，他们比较的不是不同的金融投资方案，而是在一个时间段和以后的某个时间段阻止死亡的现值。现在和未来的金钱价值当然不同于现在和未来的生命价值。然而，当用价格标签表示生命价值，然后再贴现时，两者的转化就完成了。虽然贴现以货币表示的人的生命价值是有问题的，但这种数学魔术经常出现在监管决策过程中，这影响了谁更可能活得更久、更健康，谁更可能早逝。

假设有两项法规的成本相同，第一项法规在出台的第一年将挽救八百条生命，但之后不会挽救任何生命；第二项法规在出台十年后将挽救一千条生命，但之前和之后都没有。你会选择哪一个？在 3% 的贴现率下，成本效益分析的结果倾向于第一项法规。在 1% 的贴现率下，成本效益分析的结果倾向于第二项法规。为了给所有生命赋予相同的价值，无论这些生命是在今年、明年还是十年后被挽救的，0% 的贴现率是恰当的。在这种情况下，第二项法规显然会带来更大的收益。0%的贴现率可以作为建模中的明确假设应用于敏感性分析；当人们假设生命价值的增长率与贴现率完全相同时，也有一样的效果。[22]

当人们设定与挽救生命相关的收益的贴现率不为零，成本效益分析就明确假设了未来的人的生命价值低于今天的人。这是一个危险的假设，必然会导致漠视后代的利益和福祉的短视政策。在 3% 的贴现率下，今天五千人的死亡大约相当于一个世纪后十万人的死亡。也就是说，在 3% 的贴现率下，今天的人的生命价值大约是一百年后的人的 20 倍。提高贴现率或拉长时间，这个比率会变得更加极端。这个计算得出了一个普遍的结论：如果贴现率为正，只要时间足够长，任何法规的收益都很难得到成本效益分析的支持，因为遥远未来的收益的现值将因贴现而大幅减少。[23] 此外，贴现率并不代表未来世代的优先级，而只代表当前几代人的意愿。

至于如何解决先用统计生命价值计算出收益，然后再贴现的问题，虽然没有完美的方案，但有一些合理的方法。[24] 在测试成本效益分析结果对贴现率的敏感性时，一个标准方法是改变贴现率，观察结果会受到怎样的影响。另一个方法是随着时间流逝使用逐渐降低而不是恒定的贴现率。这虽然无法解决未来生命价值低于当前生命价值的问题，但会减轻这个问题的影响。

将所有未来的价值货币化，然后再贴现，把每项成本和收益都转化为现值后，分析师会加总这些价值，得到净现值。净现值大的法规被认为在财务上是可行的，而净现值为负的法规则不可能得到支持。这些净现值通常是非常精确的值，计算方法也会得到详细解释。

敏感性分析相当于是在系统探索，在成本效益分析中，重要参数和关键假设的不确定性是如何影响净现值的。这是一个关键步骤，因为一些输入项和假设可能非常精确，而另一些可能仅仅是有根据的猜测。敏感性分析使用的输入项和假设的范围，与不确定性的程度有关。不确定性越高，敏感性分析的适宜范围就越大。

当成本效益分析使用 0%、3%、5% 等贴现率时，观察净现值如何变化，这是敏感性分析的标准做法。敏感性分析虽然可以让监管者知道贴现率会对成本效益分析的结论产生重要影响，却没有解决今天生命的价值高于未来生命价值的问题。为了解决这个问题，我们或许可以使用两种贴现率，一种贴现率总在做成本效益分析时使用，另一种贴现率仅仅在被挽救的人类生命需要货币化时才使用。[25] 与挽救生命相关的收益的贴现率应固定为 0%，以便使未来的生命与当前的生命具有相同的价值。敏感性分析应该只针对第一种情况。这样既可以从财务的角度恰当地处理真实的现金流，同时又不会低估未来的人的生命价值。这样的成本效益分析，鼓励更长期的计划，对能在遥远的未来挽救大量生命的法规有利。

我们集中讨论了与贴现有关的问题，但重要的是，统计生命价值同样需要检讨。考虑到我们一直在质疑估算统计生命价值的方法，而且结果的差值非常大，敏感性分析应探讨假设的统计生命价值与净现值之间的关系。监管者可以给出一个描述统计生命价值和净现值关系的函数。例如，监管者可以把统计生命价值增加 25%、50% 等，并说明净现值的变化。然后，监管者可以把统计生命价值减少 25%、50% 等，并再次说明净现值的变化。

污染物排放法规对癌症等致命风险的影响如何，往往存在着很大的不确定性。因此，人们无法确切知道新法规挽救生命的数量和时间。我们可以根据文献来发现影响估算的不确定程度，然后用该信息来指定分析中使用的敏感性范围。

在成本效益分析中，大量的输入项和假设显然可以用敏感性分析来测试。只关注在净现值计算中最关键的输入项和假设是合理且恰当的。但是，极端情况分析也是有用的。极端情况分析可以测试是否有合理的假设和输入项的组合，可以改变净现值的计算结果（例如，使本来收益为负的法规变成收益为正）。[26]

成本效益分析的目的是确定净现值最大的方案。这种分析几乎不会关注谁从拟议的法规中受益最多，谁受益最少。在火电厂的案例中，我们知道穷人更有可能住在 ACME 火力发电厂的附近和下风口。因此，穷人比富人更容易接触到 ACME 的污染物，承受的健康风险也更大。[27]

如果没有明确地将公平纳入考虑，成本效益分析不仅关注不到社会和经济不平等，甚至可能强化这些不平等。在做成本效益分析时，我们可以通过改变低收入群体或其他风险群体的权重来体现对公平的关注。赋予不同群体不同的权重自然会引发争议。确保法规关注公平性的一个更加透明的做法是，估算特定人群（如高风险、低收入群体）的成本效益。这样一来，分析就是从特定人群的角度出发，只反映他们的成本和收益。针对特定人群的分析，可以使我们看清什么人从法规中获得利益，什么人付出代价（不管是美元还是生命）。

监管者有一项艰巨的任务。他们试图捍卫公共利益，对抗不受约束的资本主义带来的一些危险。监管者需要制定公平的、具有可行性的法规，既要保护当前的世界，也要保护未来的世界。同时，他们需要证明，这些法规不会对企业造成不必要的损失。他们会遇到重重阻碍。监管者必须用成本效益分析来为他们的建议辩护，不过我们已经看到，这种方法有大量潜在的负面影响和错误的假设。即便将偏见的可能性降到最低，巨大的不确定性仍然是不可避免的。

　　某些行业和利益集团掌握的资源，使善意的监管者更难实现捍卫公共利益的目标。行业特殊利益集团（游说集团）追求的是客户利润的最大化。不管是否明说，他们的目标很明确，即在尽量减少监管的同时，或者忽略他们的产品可能造成的损害的成本，或者将善后的成本转嫁给公众。

　　例如，2012 年，环境保护署颁布法规，限制火力发电厂排放汞、砷和酸性气体，随后做分析以确定排放标准。代表电力公司的行业团体和全国大约一半的州起诉了环境保护署。[28] 官司打到最高法院，大法官按提名他们的政党分裂为两派。[29] 最高法院的结论是，环境保护署在公布法规前，必须做成本效益分析。当环境保护署做成本效益分析时，它估算该法规的收益是每年可防止一万一千人过早死亡和十三万人得哮喘。它估算这些收益的价值在 370 亿到 900 亿美元之间，远超该法规的成本。然而，行业游说者的计算结果与环境保护署大相径庭。行业游说者估算，受影响的生命要少得多，并将收益的价值估算为每年仅几百万美元。环境保护署和行业游说者分析同一项法规，估算的收益的价值截然不同。

　　特殊利益集团的强大影响力，有时会导致所谓的"监管俘获"。这是一种政治腐败，指监管者将其负责监管行业的利益集团的考量置于公共利益之前。[30]

监管者也可能遭到更高级别官员的严重干涉。"9·11"事件后，白宫审查并修改了环境保护署关于纽约市公共健康风险的声明，特别是对在世贸中心遗址附近生活和工作的人的影响。[31] 白宫增加了安抚公众的声明，但删除了对哮喘病人、老年人和呼吸道疾病患者的警告等内容。[32] 这么做的目的是"重启华尔街"，保护在世贸中心遗址附近生活和工作的人的健康，显然不那么重要。这又是一次在美元和生命之间的抉择。

这些例子说明了成本效益分析的许多问题和缺陷。该方法受利益相关方的影响，利益相关方试图扭曲系统，使其对自己有利。这些分析是政治化的，行业专家试图高估成本，低估收益，而社会活动家则试图做相反的事情。这有时被委婉地称为"策略性偏差"。鉴于行业游说者对政府的影响力，公益维护人和消费者权益保护团体必须对成本效益分析的细节提高警惕。业界为了影响成本效益分析，往往不惜动用大量资源。他们的目的是使短期利润最大化，让法规的效力最小化，并且忽略其商业模式中的负面外部效应。

虽然成本效益分析有许多缺陷，但支持者仍辩称它是确定最佳发展方向的公正的手段。不管存在着多大的弊端，成本效益分析将继续被当作一种标准工具，这意味着了解它的缺陷及其应用和误用方式至关重要。公益维护人和消费者权益保护团体，至少应该了解本章指出的成本效益分析的关键问题和局限，这样行业游说者和监管机构才会说实话。此外，通过了解这些细节，公益维护人和消费者权益保护团体可以鼓励使用成本效益分析，支持那些带来更公平结果的法规。[33] 公众完全有机会表达意见，因为第 13563 号行政命令规定，政府各部门"在可行和适当的情况下，应征求可能受影响者的意见"[34]。

成本效益分析的第一个缺陷是，它常常以统计生命价值作为主要的输入项。我们已经看到，统计生命价值在理论和实践上存在大量问题。尽管如此，统计生命价值的一个优点是，它的估算值远高于大多数人的预期收入，因此基于它算出的收益要比基于平均财务影响算出的收益高得多。

第二个缺陷是，分析师通常是在死亡发生而非风险增加时加入统计生命价值。这忽略了一个事实，即统计生命价值应该代表死亡风险增加的时间点，而不是死亡发生的时间点。这样的转换会造成非常严重的后果。转换后，收益将出现在遥远的未来，而且一旦加入贴现，会大大减少。

第三个缺陷与贴现的应用有关。加入统计生命价值后，人的生命被货币化，成了带复利的金融投资。对生命价值贴现的结果是，分析师对未来生命的估值远低于今天的生命。

第四个缺陷是，在成本效益分析中，无法被量化或货币化的重要因素往往被忽视或影响甚微。

第五个缺陷是，存在不对称性，即成本要素通常比较完整，而且通常被夸大，而收益要素通常不完整，并且被低估。

第六个缺陷是，成本效益分析往往不重视公平，不关心新法规实施后谁受益最大、谁损失最大。

第七个缺陷是，成本效益分析受利益集团的游说影响。只需要看看拥有不同利益的不同团体，对一项法规的成本和收益的估值的差异，这点便一目了然了。

我当然不主张无视成本效益分析。我们确实需要一套机制来评估法规的成本和收益，以防出台收益极低甚至为零，却增加巨额成本的法规。无论何时，人们都应该要求政府说明出台法规的正当性，以确保公民得到保护，产业不被削弱。这不仅适用于环境法规或交通法规，也适用于所有主要的政府项目和支出。政府需要确保所有的成本效益分析都保持最大的透明度，其中的假设和敏感性分析容易得到检验；如果可能，公平性也要受到审查。同时，法规应尽力保证由行业而不是公众来支付经营相关的成本。

另一个问题是，政府所有的决策和投资（从军费支出到航空安全），是否都要接受与环境法规相同的审查。我们已经看到，影响行业盈利能力的法规会引起多么细致的审查和激烈的争执。但与国家安全相关的法规，往往可以在很少或没有分析的情况下轻易通过。人们通常很少考虑，需要挽救多少生命才能证明国防预算或安全支出是合理的。一些人或许会提出，这是由于难以计算这类支出的收益，但许多其他支出和拟议的法规都可以用这个理由来辩护。还有人提出，国家安全支出对于一国的存续而言是至关重要的，因此不应受成本效益分析的影响。更加愤世嫉俗的人会说，对国家安全开支的审查之所以相对较少，是因为美国军工复合体和国防产业与政府官员之间的关系极为密切。[35]

不管哪种解释是对的，现实是许多政府机构被授权采取行动而无须考虑成本，也不需要考虑预期能够挽救或将损失多少生命。与此同时，另一些政府机构（如环境保护署和联邦航空管理局）在制定任何法规之前，都需要提交详细的分析报告，其中包含许多技术和执行上的限制。

不过，成本效益分析虽然有种种缺点，却可以迫使分析师公布输入项和假设，这保证了一定的透明度，而且使人们可以向政府问责。此外，它使独立的审查委员会能够检验分析结果。需要注意的是，影响分析结果的关键输入项必须做敏感性分析。检验分析结果时，对不同贴现率做敏感性分析的标准做法应该改良为以下做法：在涉及现金流的分析中，应该设定不同的贴现率；在涉及拯救生命的分析中，贴现率应设为零。这将迫使分析师为未来生命与当前生命赋予相同的价值，并恰当地处理现金流。

我们还需要建立一套标准做法，以检验所有没有被量化或没有被货币化的收益，以确保它们不会被置之不理。我们必须重视公平，而不只是偶尔提及。

成本效益分析的客观性、有效性和可靠性不应该被夸大。成本效益分析得出的净现值可以有很大的不同，这取决于分析者的偏好和倾向。任何实施或说明成本效益分析的人，都应开诚布公，并且保持谦虚的态度，这样媒体和公众才不会误以为这是一门精确的科学。

公司内部的财务专家也会做成本效益分析，但分析的角度和范围有所不同，而且通常被称为"财务分析"。下一章将讨论企业在成本效益分析和劳动力市场两方面是如何评估人类生命价值的，它们彼此之间截然不同。

第五章
利益最大化的代价

20 世纪 60 年代末，福特汽车公司决定面向美国市场推出一款平价车，起名为"平托"。为了赶上最后期限，公司压缩了从设计到上市的时间。这种急功近利的做法为后面的错误埋下了伏笔。福特公司的碰撞测试表明，平托车不符合当时美国国家公路交通安全管理局新修订的安全标准，新标准旨在减少交通事故引发的火灾。新标准本来计划在 1972 年推出，在 1973 年进一步提高。碰撞测试还表明，只需要对平托车的设计做微调（比如，在油箱中加入一个橡胶气囊），这款车便能够满足即将实施的新的安全标准。

福特公司做了一份提交给国家公路交通安全管理局的成本效益分析报告，这份报告被称为"福特平托车备忘录"，是专门为阻止监管机构通过新的安全标准而准备的。该报告将更改平托车的设计以使其更安全和不做任何改动两个方案货币化

（增量伤亡的成本也被货币化）[1]。[2]

　　企业（如这个例子里的福特公司）做成本效益分析时，会使用生命价格标签来评估可能造成伤害或死亡的商业决策。公司在节约商业成本和挽救生命之间寻求最佳平衡点，以实现利润最大化。劳动力市场是了解企业如何评估生命价值的另一个窗口。在劳动力市场上，人们用生命时间交换金钱。劳动力市场的状况天差地别，一端是奴隶，另一端是拥有自由意志的雇员。不管在哪种情况下，每名雇员的时间都被贴上价格标签，而价格标签很可能是不公平的。

在商业决策中使用成本效益分析

　　监管机构和营利性公司都会做成本效益分析，但方式大不相同。监管机构做社会的成本效益分析时，必须考虑社会的总成本，既包括私人成本，也包括外部成本。公司做的是私人的成本效益分析，关注的是自己的盈亏。一家公司的成本仅限于反映在其收益表上的成本，也就是所谓的私人成本。因此，一家公司做的成本效益分析只是从该公司的角度出发的。不是由公司而是由社会承担的成本，被称为外部成本。公司做成本效益分析时，不会考虑外部成本。成本效益分析是公司决策过程的一环，分析师的任务是帮助公司在不同的策略间做出选择，以实现利润最大化。

假设你是一家汽车制造公司的首席执行官，有数据显示，公司的一个汽车型号有设计缺陷，正常的碰撞便有很大概率引发火灾。作为决策者，你有两个选项：要么召回该型号的汽车，加以修理；要么在明知这个缺陷很可能会造成一些死伤的情况下，仍然忽略这个问题。召回在短期内是坏事，因为人们不敢买你的车，这会影响公司的短期利润。忽视设计缺陷则可能导致无辜者死亡，公司在未来可能被起诉，形象也会受损。

只有天真的人才会认为，营利性公司主要是为社会利益而存在。这些公司通过提供商品或服务来获得利润，虽然这些往往能改善客户的生活，但公司的根本目的是赚钱。这并不是在贬低营利性公司，而是提醒我们，公司最看重的是什么。因此，人们不可能指望，公司在决定估算生命价值和保护生命时会不顾利润。这并不意味着公司都是盲目追求利润的无情组织，公司的首席执行官有时确实会根据道德或伦理标准做出商业决策，而不仅仅考虑利润。但是，如果一家公司一直罔顾利润，那么它离关门就不远了。

虽然一些人可能希望汽车公司为了完全消除司机、乘客和行人的风险而投资，但这种理想主义的想法既天真，又不现实。不过，虽然人们都知道营利性公司最看重的是赚钱，但是公司做成本效益分析的细节一旦被公之于众，公众和民事审判的陪审员势必会产生强烈的厌恶情绪。

对于我们虚构的这家汽车公司来说，大幅增加事故、伤害或死亡风险的重大问题是最关键的。但是，增加多大的风险，公司才需要召回汽车呢？如果针对每个可能的缺陷和问题都要采取召回措施，那么所有汽车公司最终都会倒闭。汽车公司做出明智决策的一个方法是做成本效益分析，比较至少两种情况的净现值，然后决定是召回有缺陷的汽车，还是无视这个问题，以后再寻求在官司中和解并向监管部门支付罚金。汽车公司调研过客户对安全性能的支付意愿及其他事项，这些信息可以用来指导成本效益分析。

公司在确定净现值时，与环境保护署采取的步骤相似，但有一个关键区别——汽车公司在做成本效益分析时，重点关注自身的收入和成本。这是因为汽车公司的目标更明确，只是为其所有者创造财务回报。在公司的成本效益分析中，有两个重要步骤，一个是量化一段时间内的影响，另一个是将影响货币化。为了量化影响，汽车公司需要估算一段时间内可归因于汽车缺陷的事故、伤害和死亡的预期数量。例如，该公司可能会估算，由于这个缺陷，每年将有十人受伤，五人死亡。为了将影响货币化，公司必须为伤害和死亡标价。成本反映了在民事审判中被认定有罪后，公司对需要支付的费用的估算。此外，公司还会估算销售损失和负面新闻对公司声誉造成的损害。

公司可以聘请研究人员整理类似案件，以了解在汽车公司被认定有过错的非正常死亡诉讼中，死者生命的合理估值。但是，许多和解协议是不公开的，所以先例反映的只是冰山一角。研究人员有理由担心，根据有限的样本估算的生命价值会出现偏差。公司还可以通过模拟审判来了解预期的赔偿金额。模拟审判通常在装饰得像法庭一样的房间里进行，律师为双方辩护，统计人员需要分析哪些因素会影响模拟陪审团的判决。[3]模拟审判能够帮助公司确定陪审团在做决定时受哪些因素影响，但模拟审判的判决金额可能与真实的赔偿金相去甚远。

与健康或生命受到威胁的问题相关的成本效益分析，要求公司为生命贴上价格标签。除了与失去的健康和生命有关的成本，公司还需要考虑品牌形象、召回产品或忽视安全问题可能对未来的销售造成的负面影响，以及监管机构可能开出的罚款。在做决定之前，公司应该做敏感性分析。公司的敏感性分析与监管机构的敏感性分析类似，都是探讨关键假设（如对公众的风险和生命的价格标签）的一系列可能的数值，并计算出相应的净现值。假设的生命价值（在这个例子里，也就是汽车公司预期要支付给每名受害者的金额）越高，汽车公司就越有可能立即召回产品，以保护生命并避免未来的诉讼费用。生命价值越低，汽车公司就越有可能忽视汽车缺陷，等待支付赔偿金和监管机构开出的罚金。这是证明价值被低估的生命得到的保护更少的另一个例子。

汽车公司的例子并不仅限于纸面。汽车制造商及任何生产有风险产品的公司，都经常要决定是否投入更多资金改善安全装置或修复技术问题。福特汽车公司在迷你车型平托车上的决策，成为商业伦理课的经典案例，并且让人们看到了公司如何在决策过程中使用生命价格标签。[4]

为提高安全性能而变更平托车的设计，会产生设计和生产成本，推迟汽车上市时间，从而使外国公司有更多时间来抢占本国市场。重新设计的平托车会符合即将推出的安全标准，从而降低风险。不加改动地推出该车，在短期内可能会为公司节省资金，但增加了公司日后可能需要支付费用的风险。因汽车缺陷而受害的人（包括可预防伤害的受害者和不必要死亡者的家属）可能会起诉公司，要求赔偿。监管机构可能因为公司未充分披露和解决安全问题而向其开出罚单。公司品牌可能因为负面新闻受损，这将影响其他福特车的销售。另外，当国家公路交通安全管理局的新法规实施后，公司还是要变更设计以满足新的安全标准。总而言之，福特公司需要做商业决策，是立即承担召回的费用并维修受影响的车辆，还是推迟召回时间并在未来支付赔偿金和其他费用。

福特公司计算的关键输入项包括改装的成本，推迟上市时间对销售的影响，事故、伤害和死亡的增量风险，以及人的生命价值。对于最后一项，公司除了模拟审判和研究先例，还有其他指导。当时，大多数联邦机构为每条生命赋予的价值是 35 万美元，而国家公路交通安全管理局使用的价格标签是 20 万美元，烧伤者的价格标价是 6.7 万美元。[①] 由于国家公路交通安全管理局使用更低的价格标签，改进设计缺陷的预计收益降低了。福特公司假定维修一辆车的费用是 11 美元（固特异等公司后来表示，维修费用大概是这个价格的一半）。选择较高的单位维修成本，提高了假定的弥补设计缺陷的成本。福特公司最终得出的结论是，维修的总成本将远超被挽救的生命的经济收益，不维修在财务上是明智之举。[5]

1974 年，汽车安全中心向国家公路交通安全管理局提议，请后者要求福特公司召回平托车。但直到 1977 年，《琼斯母亲》杂志发表了一篇严厉批评该车型的文章后，各方才真正采取行动。这篇文章立即引起了全国的关注。福特公司在 1978 年宣布召回平托车，国家公路交通安全管理局稍后下达了相同的命令。

[①] 需要注意的是，本章与福特平托车相关的金额都是 1972 年的情况，未换算为今天的价值。

对于许多美国人来说，这起案件使他们第一次清楚地看到人的生命是如何被货币化的，一些公司如何将死亡视为"做生意的成本"。总的来说，许多美国人并不知道他们的生命经常被贴上价格标签，当看到这样的行为时，他们感到不安。此外，由于美国媒体关注的焦点变化很快，死亡被当作商业成本的案例很快会从公众的视线中消失。福特公司为生命赋予的美元价值让公众更加关注生命的经济价值。公众意识到人的生命被货币化，担忧价格标签会如何被使用，这些刺激了学者进一步探讨和研究这个问题。

一个人的生命会给社会带来多少经济价值，福特公司对这样的理论计算不感兴趣。它真正关心的是需要付给每名受害者多少钱，而此前估计这个金额是 20 万美元。结果，民事审判裁定的赔偿金远高于福特公司的预期。在格里姆肖诉福特汽车公司一案中，加利福尼亚州上诉法院维持了福特公司需要支付 250 万美元补偿性赔偿和 350 万美元惩罚性赔偿的判决。[6]

国家公路交通安全管理局提议在 1972 年实施的法规结果如何呢？在福特公司和其他汽车公司的游说下，国家公路交通安全管理局的碰撞标准迟至 1978 年才正式实施。汽车行业利用其对政府的影响力，通过推迟实施改进后的安全标准来增加企业的短期利润。推迟实施更严格的法规可能对福特公司的财务报表有积极意义，却使更多的生命被置于受伤和死亡的风险中。

正如许多其他行业一样，汽车行业的游说活动本可以为福特公司带来极高的投资回报。如果1977年《琼斯母亲》的文章没有引起公众的关注，那么更多生命会因为福特公司成问题的成本效益分析的假设而被牺牲。福特公司不仅要支付法律赔偿金，声誉也受到影响。这起案件已经成为商业道德课的一个经典案例。《琼斯母亲》的文章发表一年后，亨利·福特二世解雇了总裁李·艾柯卡。[7]

福特平托车的例子并不是孤例。就在不久前，包括丰田汽车、大众汽车和通用汽车在内的主要汽车公司都因为拖延召回有问题的产品而引来负面新闻、司法部调查和大量诉讼，这些产品造成了不必要的风险，有时甚至致人死亡。许多行业的公司常常在安全、利润和人的生命之间做取舍，因为这些公司的目标是创造短期利润，有时甚至不惜以人的生命为代价。由于成本效益分析的许多关键输入项和假设有很大的不确定性，所以分析师有可能根据自身的动机和可能得到的奖励而得出不同的结论。

价值数十亿美元的公司几乎不可能是天真的，它们拥有的资产和政治影响力远超除顶级富豪之外的其他所有人。公司通常会确定几个选项，评估成本和收益，然后在此基础上做出决策。在福特平托车事件发生大约四十年后，汽车公司的经理们还在为公司的利润，估算公司未来需要向因其产品受伤或失去生命的人支付多少钱。

通用汽车公司便是一例。2005 年，司法部得出结论，一百多人的死亡与该公司迟迟没有召回点火开关有问题的产品有关。[8] 更令人不齿的是，该公司的工程师第一次发现这个故障是在 2003 年。

丰田公司不仅知道车辆存在加速问题，还隐瞒了数据。从首次发现问题到召回产品的这段时间里，该公司故意让伤亡事件发生。丰田公司承认了犯罪行为，并同意支付 12 亿美元赔偿金。[9]

大众汽车公司同样做出过将利润置于环境保护之前，从而危及生命的商业决策。它在数百万辆柴油车上安装软件，使这些汽车能够通过排放测试。一旦汽车离开实验室，该软件就停用排放控制，这使汽车排放的污染物为上限的 40 倍。[10] 在排放测试中，总共约有 1 100 万辆汽车被动了手脚。[11] 这种欺诈行为对环境的破坏、对健康的负面影响可能是巨大的。

在每个案例中，福特、丰田、通用、大众等汽车公司，都有意将人的健康和生命置于危险之中，以满足其提高企业利润的狭隘目的。这些价值数十亿美元的公司都有专门做成本效益分析的分析师，他们会向管理层提出建议。这些例子凸显了监管机构极其重要的公共职能。监管机构通过努力确保生命得到充分保护，以维护公平。但是，它们必须有足够的人力、资金，并受到监督，这样才会有效。

上述案例的共同点是，有一个已知的风险，公司知道这个风险的存在，但仍然做出了让本可避免的死亡发生的商业决策。公司做成本效益分析时，会确定并分析可能的商业选项。对于有缺陷的产品，可能的选项包括召回产品或换新产品、维修、忽略缺陷，或者像丰田的例子，故意隐瞒与安全缺陷相关的数据。

接下来，公司需要决定谁有资格被纳入成本效益分析，也就是说，到底要考虑谁的成本和收益。正如上一章所述，决定谁有资格是至关重要的。如果范围过窄，受害者可能不会被纳入成本效益分析。任何受决策影响的人都应该被纳入分析，但影响有不同种类，包括直接影响和间接影响。在有缺陷的汽车造成伤亡的例子中，直接受影响的是伤者或死者，间接受影响的是受害者的家人和朋友。对总体影响（直接影响加上间接影响）的估算，是成本效益分析的关键环节。如果缺陷的总体影响被低估，那么成本效益分析的结论就会倾向于忽视缺陷，以后再支付诉讼赔偿金和罚款。

将预期的受伤或死亡人数等因素量化后，所有项目还必须被货币化。在福特平托车的案例中，福特公司使用的价格标签低于其他监管机构。公司为生命贴上的价格标签越低，就越不可能努力保护这些生命，反而越有可能忽视对公众的健康和生命造成的风险，追求短期利润。如果民事审判的判决为人的生命贴上很高的价格标签，那么这个价格标签就会被纳入公司的成本效益计算。这样，公司就需要为安全投入更多的资金，而且不太可能忽视已知的安全风险。

不管在逻辑上还是计算中，统计生命价值都有缺陷和局限，而它往往成为监管者使用的价格标签。公司更关心在可能的诉讼中会损失多少钱，因此会尽可能准确地预测民事诉讼判决结果，并将结果当作人类生命的价格标签。价格标签的选择表明了监管机构的成本效益分析和公司的成本效益分析存在区别，前者关注对社会的总体影响，后者只关心影响公司利润的成本（私人成本），而漠视外部成本。

由于两个原因（因果关系和贴现），公司更愿意去处理构成直接危险的安全风险。因果关系指安全问题和对应的损害之间的关系。一般来说，安全问题和损害相距的时间越短，就越容易证明公司有过错。如果某个品牌的汽车发动机自燃造成乘客死亡，那么监管部门不需要花太多时间调查，便可以起诉生产汽车的公司。如果损害几十年都没有出现，那么因果关系便很难得到证明。不妨想想吸烟和肺癌风险增加之间的关系。患者得肺癌一般在吸烟很久之后，因此烟草公司能够误导一些人，使其相信吸烟者之所以得肺癌，是由于其他因素，而不是它们的产品。

贴现是另一个影响因素。在财务计算中使用贴现的结果是，今天1亿美元的利润超过十年或二十年后民事审判中1亿美元的损失。证明一个公司有过错需要的时间越长，公司就越没有动力改进安全问题。

当人们认为需要几十年的时间才能确定危险产品与其造成的损害之间的关系时，他们就有了另一个不采取行动的动机——最初决定忽视风险的公司高管，在十年或二十年后出现长期的健康影响时，很可能已经不在公司了（那时他们可能早就退休了）。当公司被迫和解或认罪时，他们很可能不需要承担任何经济损失，也不需要承担法律责任。相比之下，构成直接威胁的安全风险可能会影响高管们的奖金、声誉和公司的短期利润。

许多行业都会权衡利润和安全。公司不可能彻底消除每件产品的所有危险。设计、制造和标识过程都可能存在缺陷，而且许多行业的许多产品（如药品、医疗器械、玩具和日用品等）确实有过缺陷。如果期望公司消除与产品相关的所有风险，不考虑缺陷造成伤害的可能性或潜在伤害的严重性，那么行业就会举步维艰。公司总是在权衡安全投资和维修或召回的预期成本。考虑到公司不可能消除所有可能的风险，监管机构必须发挥作用以确保某些特定风险不会被公司忽视，同时在更大的范围内确保生命和健康得到公平保护。如果没有合适的安全法规，投资开发更安全产品的公司，可能会被生产风险更大但价格更低的产品的公司挤出市场。法规的一个作用是通过制定最低标准，监督公司严格执行，来避免劣币驱逐良币的现象。

公司高管的道德观也会影响公司的决策，但道德往往是主观的，仅靠道德不足以经营一家公司。当公司高管故意在产品安全方面欺骗公众和监管机构时，他们被起诉的案例非常罕见，更不用说定罪了。考虑到决策者实际上不会被起诉，公益维护人更应该设法影响成本效益分析的输入项，比如，鼓励使用数值更大的生命价格标签，并确保所有受影响的人都被纳入分析之中。

各个行业都需要权衡盈利能力和安全，公司对诉讼风险和潜在的损失有着深刻的认识。联合碳化物公司在印度博帕尔制造的灾难，夺去了大约四千人的生命，另有四千多人终生受重度残疾折磨。[12]1989 年，该案的和解金确定为 4.7 亿美元，每名受害者的生命价值约合 6 万美元。[13] 当年，印度人的人均收入不到美国人的二十分之一。[14]给受害者贴上较低的价格标签，可能是因为这些受害都是低收入群体。我们可以推测，如果事故发生在美国，赔偿金额会高得多，因为美国人的收入要高得多，对未能保护生命的经济处罚也要严厉得多。

时尚界也发生过类似的悲剧。服装公司经常将生产外包给印度、孟加拉和越南等低工资国家。2013年，孟加拉的一栋工厂大楼倒塌，约一千一百人遇难，一千五百人受伤。国际劳工组织设立了受害者赔偿基金，资金来自在该工厂生产服装的外国公司。该基金总共筹集了3 000万美元，每名死者的生命价值不到4万美元。[15] 孟加拉工人的工资比美国工人低得多，就像联合碳化物公司的案例一样，这导致受害者的生命价值偏低。同样地，如果灾难发生在世界上更富裕的地区，如美国或欧洲（这些地区的工人的安全得到了更多的保护），那么赔偿金必然高得多。

对于企业的决策来说，仅考虑道德和伦理是不够的，但道德和伦理应该与财务和法律约束共同发挥作用。2001年，一个使用人类生命价值做成本效益分析的案例，因为触及道德底线而成为众矢之的。当时，菲利普·莫里斯公司委托理特咨询公司编写了一份臭名昭著的报告。[16] 这份报告根据成本效益分析得出结论，捷克政府应该鼓励吸烟，因为吸烟者的过早死亡会增加政府的收入。这不是第一份主张吸烟导致的过早死亡对国库有利的商业报告，但吸引了最多的关注。[17]《华尔街日报》引用肯尼思·沃纳教授的话说："还有其他公司会夸耀通过杀死顾客来为国库赚钱吗？"同一篇文章还引用了菲利普·莫里斯公司发言人的辩护理由："这是一份关于经济影响的报告，仅此而已。"[18]针对公众和政客的批评，菲利普·莫里斯公司很快正式道歉，称资助和公开这份研究报告"体现了（本公司）糟糕的判断力及对人类基本价值的不可接受的完全漠视"[19]。

　　理特咨询公司的成本效益分析只关注捷克的公共财政，特别是该国1999年的国家和市政预算及保险公司的预算，而不关心吸烟的私人成本、吸烟社会影响的私人成本或吸烟导致的过早死亡的私人成本。理特咨询公司的会计核算工作是从公共财政角度进行的，该分析记录的是对政府收入直接的、正面的影响，包括消费税、增值税、企业所得税和关税。吸烟增加的负面影响包括一手烟民和接触二手烟的人的医疗费的增加、过早死亡造成的所得税损失、缺勤相关的费用，以及由吸烟引起的火灾的成本。这些负面影响看起来不算严重，不会引起人们的注意。值得注意的是，间接的正面影响被视为政府节省的财政支出，因为吸烟造成的过早死亡会使国家在医保、养老金、社保和老年人住房补贴等方面节约支出。研究人员使用6.75%的贴现率，而且没有做敏感性分析。这个贴现率强调了政府通过香烟税立即可以获得的正现金流，同时使长期的成本和收益降到最低。

该分析假定生命的内在价值为零，因此吸烟者唯一的价值是对政府财政的贡献。报告是专门针对政府的，目的是说服政府，只要从菲利普·莫里斯公司的产品获得的收入超过财政成本，政府就不应该关心吸烟者是否早死。报告忽略了早死的所有其他财政影响和社会影响，把人的生命看作为政府创造现金流的机器。由于只关注政府的现金流，而且在没有做敏感性分析的情况下选择如此高的贴现率，这份报告对资助这项研究的烟草公司有利。比这项研究的倾向性更成问题的是，它完全无视人类生命的神圣性和内在价值。认为人存在只是为政府创造现金流，政府应该通过鼓励与吸烟有关的早死来优化现金流，这是不道德的，用菲利普·莫里斯公司的话说，是"对人类基本价值的不可接受的完全漠视"。

劳动力和生命价值

劳动力市场为我们提供了一个观察个人如何用时间换取金钱的窗口。劳动报酬对价格标签的讨论至关重要，因为收入是决定民事审判中生命的货币价值的主要因素，也是"9·11"事件受害者赔偿基金决定数额时的重要考量因素。

讨论劳动力问题的起点是，承认就业市场存在着各式各样的权利、自由意志和选择。一个极端是奴隶制，奴隶几乎没有任何权利或选择，只能选择是否活下去。另一个极端是有自由意志的雇员，可以在几份工作中挑选最好的一份，能够为自己争取更高的工资和更好的福利，并有足够的经济保障来选择是否更换雇主而不受法律或经济限制。介于这两个极端之间的是在法律上或实践中受到不同程度限制的雇员，包括契约奴工和靠工资生活的雇员，后者在法律上不受雇主的约束，但实际上可能并非如此。

奴隶制

生命的价格标签及其对劳动力市场的影响，在奴隶和契约奴工的极端例子中表现得最为明显。

不是每个人都有选择工作的自由。无论历史上还是现在，并不是所有工人都能达成以保护基本人权和行使自由意志为基础的劳动协议。残酷的就业形式一直存在。工人在艰苦的环境中工作，不得不忍受暴力。公司为了使利润最大化，几乎不会考虑工人的健康和福祉。奴隶制是这些残酷的劳动形式中最极端的。

奴隶制指人们像商品一样被占有和买卖，在历史上和世界各地的不同文化中以不同的形式存在过。人类之所以沦为奴隶，或者是为了惩罚犯罪，或者是为了偿还债务，或者是在战争中被俘，或者是被人欺骗，或者是因为父母是奴隶。被奴役的人的生存、安全、健康和尊严不断受到威胁。这种令人深恶痛绝的做法在一个方面是透明的——奴隶制让人们清楚地看到，参与买卖人类生命的人是如何给奴隶的生命标价的。

在南北战争前的美国，奴隶和他们所有的后代都是可以在公开市场合法交易的财产。奴隶拍卖允许买家和卖家公开给人的生命标价。奴隶的价值等于买方预期奴隶能赚多少钱，再减去奴隶的衣食住等生活费用。[20] 购买奴隶是投资，给奴隶生命贴上的价格标签反映了预期的现金流。买家愿意为能带来最大回报的奴隶付更多的钱，而只会为低回报的奴隶付最少的钱。影响奴隶潜在收入的因素包括奴隶的性别、年龄、健康状况、工作能力，以及赚钱手艺。年轻的成年男性的标价最高，这是因为他们的体力和工作能力强于更年长的人。年轻的孩子的价格较低，因为未来的主人必须先抚养他们一段时间，这段时间的成本可能超过预期收入。育龄妇女的价值不仅在于她们的劳动，还在于她们生育孩子的能力。年龄较大、身体较弱的奴隶价值较低。有赚钱手艺的奴隶（铁匠、木匠等）价值更高，因为主人不单可以靠他们在田间的劳动赚钱，还可以出售他们的产品，从而获得更多的收入。

在奴隶制合法的地方，人们可以看到为了获得劳动力而给人的生命贴上价格标签这种极端不正常的做法。现代奴隶制的定义包括人口贩卖、强迫劳动、债务奴役、强迫婚姻和世袭奴隶制等。[21] 虽然几乎所有国家都制定了法律，至少将某些形式的现代奴隶制定为犯罪，但每天仍有人口被买卖。现代奴隶制在 2014 年成为国际焦点，当时极端组织"伊斯兰国"公布了关于俘虏和奴隶的指导方针。[22] 大约在那个时候，联合国证实"伊斯兰国"确有一份被俘儿童的价目表，每个孩子的标价从数百美元到数千美元不等。[23]

契约奴役

契约奴役是以生命中的一段确定的时间换取金钱的交易，即个人同意在固定的时间内用劳动偿还债务。

契约奴工和奴隶之间的一个关键区别是，主人只在一个固定的时间段内拥有契约奴工。在这段时间之后，契约奴工获得自由，能够行使自由人的权利。[24] 而奴隶则是终身的，他们的所有后代生而为奴。

契约奴工在美国历史上扮演着重要的角色，现在仍以人口贩卖的形式存在。比如，蛇头要求偷渡者提供一定年限的劳动，以偿还偷渡到一个国家的费用。在全球范围内，人口贩卖影响着数百万人的生活，估计每年的产值在 300 亿美元以上，许多偷渡的移民发现自己最终沦为性工作者。[25] 对蛇头而言，这类投资的回报率非常高。例如，2006 年，蛇头每帮助一个人偷渡，便可以赚取 5 万美元，金额取决于受害者的来处和去处。[26]与贩卖人口相关的成本和利润的巨大差异反映了这样一个事实，即这一行的价格是由供求关系决定的。

有偿劳动

奴隶和契约奴工在绝大多数人的视野之外，而有偿劳动，即雇员用时间换取雇主的金钱，在我们日常生活中随处可见。有偿劳动涉及为雇员的时间标价，价值是由市场决定的，不过这个市场不完全是自由的。我们已经对这种由雇佣关系定义的价格标签习以为常，甚至不会注意到这也是一种交易，一种为生命中的一段时间标价的交易。不管是像阿尼塔那样的低工资、赚取时酬的餐饮服务员，还是像吉姆那样收入可观的企业高管（其报酬主要来自分红和年终奖），都是如此。

从雇主的角度看，在所有条件相同的情况下，如果要在两个成本相近的雇员之间做选择，他应该选择能够带来更高利润的雇员。同样地，如果要在两个能够带来相同利润、基本情况相近的雇员之间做选择，雇主应该选择成本较低的雇员。这个交易的另一端是雇员。雇员想使自身的报酬最大化，这里的报酬包括货币和非货币报酬，如工资、医保、社保、带薪假期、家庭福利金和其他福利。

影响薪酬的因素有很多，包括学历、技能、经验、行业、工会成员身份、种族、性别、工作地点和工作风险等。有些因素（如学历）是可控的，因此一个人可以通过努力改变自身处境，从而赚更多的钱。其他因素是不可控的，但仍然可以影响一个人的时间价值。[27] 总之，报酬取决于公司可以从工人的产出中获得的利润、工人技能的供需等因素。

我们先来看两个处于薪酬两端的人的例子。这两个人都在医院工作，一个是放射科医生，工作是解读乳房 X 光检查、超声检查、磁共振成像等的影像结果；另一个是清洁工，工作是拖地。放射科医生的收入是清洁工的好几倍，而且很少有人认为这两个人的收入应该相近。医院为放射科医生的时间标的价格更高，因为这样的员工可以给医院带来更多的收入。医院是企业，为可以出售给客户（在这个例子里，是病人）的技能支付报酬。放射科医生的总收入包括工资、医保、养老金、六周的假期和其他可能的福利（如子女教育补助金和医疗事故保险）。医生的年收入很容易达到 50 万美元。如果按照一般的工作量计算，医生每小时大约赚 250 美元。[28] 放射科医生可以为医院带来多少收入，取决于她可以服务多少病人，医院可以从她的每次服务中获得多少收入。如果另一家医院愿意给她提供一份时薪高得多的工作，那么她可能会考虑换雇主。

拖地的清洁工拿的是最低工资。他通过医院获得医保，有两周的带薪假期。他的时薪不到 10 美元。医院会检查他的工作时间，监控他在医院的位置，还会要求他在离开医院时通过一个防盗感应器。他几乎没有与医院谈薪的能力，并被不断提醒随时可能遭到替换。医院认为他提供的服务是必要的运营成本，但不会带来利润。医院通过寻找价格更低的替代方案（包括使用机器人）来尽量降低成本。清洁工的工资一直较低，因为这是一份低技能工作，有大量的潜在竞争者。与之相对，放射科医生的工作是一份高技能工作，潜在的竞争者数量有限。放射科医生显然理应得到比清洁工更高的报酬。但是，她每小时究竟应该得到多少报酬？两人的工资相差多少才是公平的？

放射科医生和清洁工的工资都是由市场决定的，因此也体现了市场的透明和模糊、公平和歧见。如果能找到另一名可以创造相同收入但愿意接受更少报酬的放射科医生，那么医院可能就没有动力继续支付 50 万美元的年薪了。值得注意的是，放射科医生的时间价值和相应的工资，是通过限制供应而膨胀的。一个外部组织，即美国医学会影响着劳动力市场，以确保放射科医生能维持较高的价格标签。美国医学会通过控制执业医师的数量来维持美国医师的工资水平。[29] 同样地，最低工资法和工会等外部限制也会影响劳动力市场，以确保清洁工的薪资不会低于某个水平。

专栏作家托马斯·弗里德曼说过："世界是平的。"他声称，由于互联网的存在，全球竞争者无论身处何地都有平等的机会。[30] 虽然弗里德曼的论断很有名，但世界现在仍然不是平的，对于许多行业来说，地点仍然很重要。如果位置不重要，那么各国之间可以远程完成内容相似的工作的人，收入差距会很小。比如，计算机程序员、法律文件审查员、注册会计师，甚至放射科医生，无论在美国还是在印度工作，收入都应该差不多。但是，世界各国的收入水平仍然存在着巨大差异。容易被外包给低收入国家的工作，在本国的薪酬往往较低，而且不稳定。在本国需要与低技能移民劳动力竞争的工作，工资通常很低。

在比较放射科医生和清洁工时，我们可以发现许多影响他们工资的因素，包括工作的专业度（比如，学历、证书、资格认证和技术等）。对专业有要求的职位，合格的潜在雇员往往较少，因此投入大量时间和金钱来满足专业要求的人，往往会要求更高的薪酬。纽约市律师的起薪在 15 万美元以上，而美国医生的起薪从传染病医生的 13 万美元左右到神经外科医生的 50 万美元以上不等。[31]

除了专业，公司通常很重视经验。其逻辑是，平均而言，比之没有经验的员工，有经验的员工理应为公司创造更多的利润。

另一个影响报酬的因素是谈判时雇员和雇主的筹码。第二章提到的里克加入了纽约市消防员协会，这是一个强大的工会，会为消防员和他们的家人争取可观的养老金和终身医疗保险。[32] 工会通过集体谈判为工人争取权利和利益，如果谈判成功，工人能够得到更高的报酬，这意味着工人的生命价值提高了。美国工人参加工会的比例低于大多数富裕国家。[33] 美国的最低工资也低于其他富裕国家。这不是巧合。在美国，领取最低工资的工人的收入大约是人均国内生产总值的25%，几乎是富裕国家中最低的。[34] 美国较低的最低工资反映了社会对公平的看法。

即使排除了技能和教育的影响，行业仍然是影响薪酬的一个主要因素。例如，在对冲基金公司工作的数据建模师拿到的报酬，往往比在学术界、医疗行业、零售业和其他数据密集型行业工作的同行高数倍，即使他和其他人在技术、学历等方面并没有太大的差别。

一些可控因素同样可以影响报酬。例如，薪酬会随着学历的提高而增加。拥有硕士学位的人比只有学士学位的人多赚20%，拥有学士学位的人比只有高中学历的人多赚65%。[35] 这是合乎逻辑的，因为更高的学历意味着应聘者可能掌握某些工作所需的更高级的技能，而且意味着应聘者达到某些工作的明确要求。这也符合我们的公平观，因为这些人花费了时间和精力来提高他们的市场竞争力。

教育的回报取决于所学的专业。拥有工程或计算机学科学士学位的人得到的回报，比主修艺术和人文的学生高得多。[36]薪酬的差异与员工能为公司创造多少利润有关。

当雇员知道某项工作可能危害他们的健康和生命时，如果他们对增量风险有清楚的认识，而且有其他就业机会，那么他们就可以争取更高的薪酬。正如我们在前文看到的，估算统计生命价值的一种方法是计算在风险更高的行业（如采矿业和商业捕鱼业）工作的工资溢价。国际机构的公务员如果在公认危险的地方工作，也会得到额外的补偿。[37]承担额外风险时，要求得到多少补偿是合理的？我们可以从观察有风险和无风险工作的报酬入手，不过这不意味着我们能够准确计算出风险溢价。影响风险溢价的因素有许多，包括信息和权力不对等；工作的风险往往不为雇员所知；一些人没有其他选择，不得不从事高风险工作，如非法移民和语言不通的人。从事高风险工作的人往往对风险不敏感，没有或几乎没有其他的工作机会，谈薪能力不足。

我已经列举了一些影响报酬的因素（如学历、专门培训、证书和工作经验），这些因素都是可以理解，也合乎情理的。这些因素都与员工为公司赚钱的能力有关，而能够为公司创造更多利润的员工可以得到更高的报酬，或者说，他们单位时间的价值更高。给创造更多利润的员工贴上更高的价格标签，这类似于奴隶的价格取决于奴隶的劳动能为主人创造多大的价值。这并不是要把有偿劳动和奴隶制混为一谈，而是要指出这样一个事实：在这两种情况下，雇主都愿意多付钱，因为他预期能从雇员的时间中获得更高的利润。

上述条件基本相同时，性别和种族仍然是影响薪酬的重要因素。基于性别和种族的薪酬差距是根本性的不平等，会产生重大影响。收入是决定民事诉讼赔偿金的关键因素，也是"9·11"事件受害者赔偿基金在决定数额时重要的考量因素。在任何以收入为输入项的评估生命价值的分析中，基于性别和种族的薪酬差距都会被放大。结果，女性和一些少数族裔的生命价值被低估，因此得不到足够的保护。

性别薪酬差距指在控制其他与薪酬有关的因素后，男女之间的平均薪酬差距。被大肆宣扬的"男性每赚 1 美元，女性就赚 0.77 美元"的说法具有误导性，因为它反映的是人口的平均数，没有考虑学历、工作经验、行业、职业，以及有孩子的女性的缺席时间。[38] 考虑这些因素后，性别薪酬差距仍然存在，不过要小得多——做相同的工作，女性的薪酬比相似背景和经验的男性大约低 10%。[39] 在刚毕业一年的本科生中，这个量级的差距同样存在。在控制职业和经验等因素后，女性的收入大约比男性少 6%。[40] 用生命价值的术语来说，这意味着，在控制与雇员生产力有关的主要因素后，雇主给女性时间贴上的价格标签往往低于男性。性别薪酬差距衍生的后果是，当收入被用来确定一个人生命的经济价值时，女性的价格标签往往低于男性。

种族工资差距是指在控制与雇员生产力有关的因素后，黑人雇员的工资低于白人雇员。黑人男性的收入低于白人男性，黑人女性的收入低于白人女性，在所有教育水平上均是如此。[41] 种族薪酬差距是巨大的。例如，无论我们比较的是拥有硕士学位、学士学位还是高中文凭的雇员，黑人的收入都比白人少 25% 到 30%。[42]

合法薪酬的范围很大。政府规定了最低工资标准，不过非正规行业[43]的工资低于这个标准。在美国，最低工资是每小时 7.25 美元，社保、医保、带薪休假和其他福利不是必需的。流动农场工人的工资低于最低工资，而且没有任何福利。这些非正规工作不仅工资低，而且往往较危险，因为从事这些工作的工人通常得不到法律保护。监狱劳工的工资甚至更低，囚犯每小时的报酬往往只有几分钱。[44]

基本生活工资指理论上能满足劳动者衣食住行等基本生活需要的工资水平。在美国，最低工资对基本生活工资的比率从 1968 年的 94% 下降到 2003 年的 57%。这意味着，2003 年领取最低工资的工人的收入，只能维持得体生活所需的一半多一点。[45] 美国的最低工资只有基本生活工资的一半左右，这个事实说明了美国在薪酬方面存在着高度不公平。相应地，领取最低工资的工人的生命价格标签也低。

工资表的另一端是最高收入者。2017 年，美国三百五十家最大公司的首席执行官的收入是这些公司普通工人的 300 多倍。[46] 这远高于 1978 年的 30 倍。虽然在全球范围内，当今首席执行官与工人的报酬比确实高于 20 世纪 60 年代和 70 年代，但美国仍然是一个异类，澳大利亚、瑞典、日本和英国等富裕国家的薪酬比要低得多。[47]

如果把薪酬看作用时间换金钱，那么美国的极端薪酬比表明，公司为首席执行官的时间赋予的价值是普通工人的数百倍。首席执行官的收入应该高于普通工人，否则人们同样会感到不公。毕竟，首席执行官需要经验、先进的技术、知识、学历和其他专业技能，才能成功领导一家公司。但是，首席执行官与普通工人在薪酬上的巨大差距带来了这样的结果——在民事审判中，两者的生命价格标签相差极大。在"9·11"事件受害者赔偿基金的例子里，范伯格先生有意将他对公平的看法付诸实践，为所有受害者设定了一个最低价格标签和一个用于计算价格标签的最高收入。最终的结果在一个区间内，最高赔偿金大约是最低赔偿金的 30 倍，比美国首席执行官和普通工人的薪酬比低了一个数量级。

资本主义及其对利润的追求，可以成为经济增长和发展的强大引擎。资本主义可以改善人们的健康，提高人们的教育水平，增加财富，但也可能造成破坏。不是商业杂志吹捧的创造性破坏，而是真正的破坏。一味追求利润，置法律和道德的约束于不顾，会招致不必要的痛苦和死亡、对环境的破坏和病态的急功近利。因此，法律、法规和其他限制是必不可少的，这样才能抑制资本主义的负面影响。

如果没有法律、监管机构、警觉的记者、消费者权益保护团体、公共利益监督团体、非政府组织和公民活动家来对抗一些野蛮地、盲目地追求利润的危险力量，我们不知道有多少人会失去生命。

下一章我们要讨论的是，在决定是否购买人寿保险、购买多少保险（对自己生命的重置价值的自我评估）时，个人决策发挥的关键作用。

第六章
"我真想像祖父那样死去"

一张哭泣的婴儿的图片下方配着这样的文字："你们为什么没替我做规划?"这是一则人寿保险广告,受众明确,动之以情,而且确实有效。没有哪位家长看到这张图不会去想,他们或许真的需要人寿保险。已经参保的父母会想:我买的保险够吗?没有保险的父母在看到那个啼哭的婴儿后,将无法避免内心的愧疚。这则广告的效果之所以好,是因为我们都珍视婴儿的天真无邪,知道他的脆弱。这则广告在感情上触动了我们,这无疑会使许多人去购买人寿保险,为家人提供一些保障。不过,更加诚实,但效果必然大打折扣的说明文字或许是这样的:"你的生命的合理估价是多少?这样即便你明天死去,我也能在经济上保持无虞。"

在任何关于生命价值的讨论中,人寿保险都是一个重要的话题,因为对于许多人来说,这是为人的生命标价最显而易见的例子。人寿保险与此前讨论的其他与价格标签相关的例子不同，因为它是在竞争性市场上购买的，价格标签由消费者决定。而且，个人可以选择是否购买人寿保险及购买多少。

公平性在决定人寿保险价格方面的作用，不如在决定我们讨论过的其他类型的价格标签方面的作用大。原因有以下几点。首先，价格标签是由消费者，而不是其他人（如经济学家、公司财务分析师或监管者）决定的。如果消费者认为他们应该购买更多的保险，那么这就是他们的选择（只要他们负担得起）。

其次，人寿保险有一个竞争性市场，这意味着经济学家不需要估算价格。与统计生命价值不同（统计生命价值是通过调查推断出来的，或者根据人们的支付意愿估算出来的），人寿保险的成本是众所周知的。

再其次，人寿保险的成本取决于死亡风险。确定某人的死亡风险背后的数学原理是寿命表，这是一个简单的概念，几百年来一直为人们所熟知。

最后，销售人寿保险的公司不会关注公平，也没有义务确保它们的产品会被公平分配。它们一般都是以营利为目的的公司，目标是在价格和产品层面战胜大量竞争者，使自身的利润最大化。在美国，人寿保险是一个数万亿美元级的行业。[1]2017年，美国个人人寿保险保单的面值总额为 12 万亿美元，约为当年美国国内生产总值的三分之二[2]。[3]2017 年，美国大约有 2.89 亿份有效保单，平均下来，几乎每个美国人都有一份保单[4]。[5]保险公司发起了强大的营销活动，刺激人们对其产品的需求，有意购买人寿保险的客户很容易从网上或经纪人那里得到报价。

这并不是说人寿保险完全不考虑公平。正如我们将在后面讨论的，这些公司在确定风险或死亡率时可以合法使用（及他们选择使用）哪些因素，会体现公平问题。此外，人寿保险保单的价格反映了社会和公司的价值观。这些限制和选择带来的问题是，在给生命标价时，哪些做法是公平的，哪些不是。此外，由于性别和种族等造成的薪酬差距，公平同样间接地影响着个人购买人寿保险的能力。

消费者的决定

消费者投保的金额（为人寿保险而制定的生命价值）与其他价格标签有很大不同。投保金额是投保人自己评估的，而不是由一个独立的群体（如民事审判中的陪审员）估算出来的，也不是由经济学家根据某种计算（如统计生命值）估算出来的。

在考虑是否购买人寿保险时，你需要回答一些问题，其中最重要的问题是：你需要人寿保险吗？你应该买什么类型的人寿保险，定期寿险还是终身寿险？[6] 谁将是你的受益人？你需要买多少保险？投保金额是对你的生命价值的直接评估。

你是否真的需要人寿保险，取决于一些关键信息，包括你是否有被抚养人，他们的财务需求是什么，以及你可以随时用于支付这些需求的资产价值。

为了给你的生命估值，你必须做出的关键决定包括确定你的受益人及每名受益人应该得到多少钱。受益人通常是投保人的直系亲属，如配偶或经济上依赖投保人的子女。不过，你也可以按自己的意愿指定受益人，比如母校，甚至是活着的宠物。如果你想不出谁应该成为受益人，那么你可能不需要人寿保险。

最后一个问题是，你应该买多少保险。这个决定不仅取决于需求和必要的重置价值，还取决于保险的成本。虽然你可以简单地选择一个"听起来不错"的整数，比如 100 万美元，但在做决定时，头脑中最好有一个具体的目标。有几种方法可以决定你需要的寿险保额。

如果你的目标是确保即便你早早离世，被抚养人的生活方式也不会改变，那么你的保额至少应该等于你生前的经济贡献。这被称为"重置收入需求"。它与"9·11"事件受害者赔偿基金确定生命的经济价值的方式相似。为了估算重置收入需求，你不仅要考虑工资、福利和养老金，还要考虑现在由你做，而如果你不幸过世，你的受益人需要付钱让别人做的事。假设你在赚取工资的同时还送孩子上学，那么即使你去世了，赚取收入和送孩子的需求仍然存在。在购买保险的过程中，对重置收入需求的估算非常重要，照顾孩子、打扫房间、做饭和开车等都可能被包括在内。不过，如果你离世了，你就不会再为自己花钱，因此你应该扣除你的个人开销，如你花在衣服、娱乐、旅行和食物上的钱。通过详细的计算，你可以清楚地知道，你需要购买多少保险来弥补你对家庭做出的全部贡献。

由于这种计算方法将收入作为主要的输入项，之前讨论的所有与收入相关的不平等（如种族和性别薪酬差距）都被放大了。全职父亲或全职母亲没有收入，但提供无偿服务（如照顾孩子、做饭、清洁、开车和其他家庭支持），也有重置收入需求。这种重置收入需求反映了替代全职父母提供服务所需的总金额。同样地，一个没有收入但积极照顾年迈父母的人，也会有重置收入需求，这反映了照顾父母所需的金额。

重置收入需求的计算结果是很明显的。收入较高的人的重置收入需求更高，理论上需要的保额也大于收入较低的人。

计算重置收入并不是计算保额唯一的方法。你也可以从相反的角度来估算能够满足受益人需求的保额。你可以从遗属的角度（需求），而不是从你现在的贡献（供给）入手。这种方法被称为"遗属需求计算法"。在使用这种方法时，你要算出遗属需要多少钱才能维持一定的收入和生活方式。这可能包括支付抵押贷款或租金、医疗、食物、衣服和大学的费用，直到他们能够赚到足够的钱来支付账单。你的被抚养人越多，遗属需求的估算结果就越高。预期生活方式会影响计算结果。一个不期望自己的孩子上大学的父母，在计算遗属需求时不需要考虑大学学费。而一个一心想让女儿上医学院的家长，则应加入大学学费。

遗属需求计算法的结论是，生活方式和未来预期花费更大的遗属需要更多的资金支持。

一旦确定了保额，你就要比较保额和你的流动资产，流动资产指可以快速转化为现金的资产。如果你的流动资产（股票、债券、现金等）价值大于保额，那么你可能不需要购买人寿保险。非流动资产（房子、汽车等）不容易转化为现金，如果你最终出售它们，几乎肯定需要替代品。例如，卖掉房子可能需要很长时间，而且卖掉后，你的遗属仍然需要住处，这意味着他们需要付租金或再申请贷款。人们通常没有足够的流动资产来满足计算得出的遗属需求，在这种情况下，购买人寿保险是有意义的。

这两种计算方法（重置收入需求计算法和遗属需求计算法）都试图回答这样一个问题：如果你不在世，无法在经济上（你的收入）和服务上（接送孩子等）为你的被抚养人提供支持，他们需要多少钱才能维持现在的生活方式。这可以被视为你的生命价格标签的一部分，因为它只关注你的被抚养人获得的直接利益，没有考虑其他人，也没有考虑其他事。它不反映你对被抚养人以外的人的贡献，如你对社会的贡献、你没有被货币化的其他关系。

2016年新寿险保单的平均面值为15.3万美元。[7]这远低于统计生命价值的估值（这提醒我们，由于评估生命价值的方法和目的不同，结果可能天差地别）。人寿保险关注的是，在一个人过早死亡的情况下，为其受益人提供经济支持；而监管部门关注的是，以划算的方式降低群体遭遇风险的可能性。

对人寿保险的需求通常随着财富的增加而增加，不过当财富特别低或特别高时，需求可能会减少。年收入超过10万美元的家庭拥有人寿保险的可能性，几乎是收入低于5万美元的家庭的两倍。65岁及65岁以上的老年人拥有人寿保险的可能性，也是25岁及25岁以下的年轻人的两倍以上——鉴于两个年龄段的财富、家庭状况和预期寿命，这个结果是合乎逻辑的。[8]

让我们再来看看第二章虚构的"9·11"事件受害者。我们可以观察他们如何处理人寿保险，进一步了解这个问题，因为他们的年龄和社会经济阶层各不相同。

消防员里克属于中产阶级，有稳定的收入。消防局为他提供了一份价值 10 万美元的人寿保险，但由于没有被抚养人，他指定他的两名兄弟为受益人。他计划在结婚后将保额增加到 50 万美元，并将受益人改为他的妻子。他选择 50 万美元的理由很简单，这是消防局补贴的人寿保险项目能够轻易申请到的最高金额。[9]

吉姆是公司高管，他的妻子和一对双胞胎靠他的收入生活。吉姆的公司为他提供了一份价值数百万美元的人寿保险，这是他的高管收入的一部分。此外，他已经留出充裕的资金供女儿们上私立学校、请家庭教师、上大学。如果他的家人花光了这些钱，吉姆认为他们可以出售他购入的一些房产。吉姆的妻子没有工资，不做家务，也不开车，但家里的饭菜都是她做的，而且孩子们在家时，她还会照顾她们。吉姆以她的名义购买了一份价值 50 万美元的保险，一旦她去世，这笔钱将用来支付请保姆、家庭教师和厨师的费用。这是合理的算法。

阿尼塔一直勉强维持生计，如果没有女朋友阿什莉的经济支持，她可能早已流落街头。她们两人都没有考虑过购买人寿保险。对于像她们这样没有钱，只想着如何付下个月房租的年轻人来说，保险不是必需的。

塞巴斯蒂安的父母都有收入。他的父亲每年从贝莱尔乡村俱乐部得到约 3.5 万美元的收入。作为离婚协议的一部分，他每个月会给塞巴斯蒂安的母亲寄去将近 1 200 美元。塞巴斯蒂安的母亲在家附近打零工，每年有近 1.5 万美元的账外收入（没有记录，不纳税的收入）和 1.2 万美元的账内收入（作为兼职收银员）。她还花了大量时间做饭、打扫卫生和看孩子。他们曾经咨询过一名保险代理人，想知道他们应该买多少保险。计算了重置收入需求后，他们的结论是，为母亲投保的金额应该大于父亲。随后，他们发生了争执，没有买保险。但塞巴斯蒂安的父亲每次看到那个婴儿哭泣的广告时都会想，不买人寿保险对他的家庭来说是不是一个坏主意。

我们已经看过如何决定是否购买人寿保险的例子，现在是时候研究交易本身了。以一份保额 100 万美元、期限二十年的寿险保单为例，我们可以将其视为一笔直接的商业交易，保费和理赔都是透明的。前文已经讨论了需求侧，接下来我们将探讨供应侧，也就是保险公司对销售人寿保险的看法。

人寿保险公司通过尽可能增加保险费和保险成本的差值来获取利润。由于保险业竞争激烈，最成功的人寿保险公司是那些为预期寿命精准建模的公司。具体来说，寿险公司希望建立非常准确的生存曲线，预测你从现在起一年、两年、三年或二十年还活着的概率。这些概率乘以保险费和赔付款，就可以预测一般人的保单的典型现金流。从统计学上讲，如果成千上万像你一样的人买了相同的保险，那么长期的平均现金流是可以预测的。将贴现后的现金流相加，保险公司就得到了保单的净现值。保险公司希望保单能有非常高的正净现值，或者用不太专业的话来说，它们希望尽可能多地赚钱。你付的保险费越多，而且保险公司赔付的概率越低，保险公司的收入就越多。

长期保单的保险费更高，因为你活得越久，年龄越大，就越可能死亡。精算师制作了寿命表，以追踪随年龄增加，未来每年的死亡概率。这些寿命表针对的是总人口，代表了整个人口的平均水平。也有只针对男性、女性和不同种族的寿命表。

我们可以把人寿保险公司和赌场做个比较。赌场知道自己赢得或输掉某一局或某个游戏的概率，因为赔率对赌场有利，它的商业模式成了一个数字游戏。简而言之，在赌场下注的人越多，赌场越可能赢。虽然有些人可能会赢，但由于输赢的概率对赌场稍微有利，所以赌场能稳定获得利润。同样地，一家保险公司会估算生存概率，按照平均下来有一定利润空间的方式定保费。有的人在购买保险后数年内就去世了，这会使保险公司赔钱。但由于成千上万的人购买了保单，保险公司可以通过保险费的贴现价值和总赔付额的贴现价值的差额获利。对于赌场和人寿保险公司来说，概率对个人不利。就保险公司而言，平均来说，那些活到寿命表预期寿命的人支付的保险费，应该超过没有活到预期寿命的人申请的理赔费。这就像在赌场里，平均来说，所有玩家损失的钱，应该超过赢家得到的奖金。赌场和人寿保险公司之间有一个很大的区别：如果你继续购买定期寿险，在某些时候，你会得到回报，因为当你过世后，你的受益人会得到一笔赔付金。当然，这笔赔付金可能不如你投资其他金融产品（如免税债券）的收益。

预测死亡

保险公司想方设法建立最准确的预测模型。对他们来说最有利的是确定所有与预测生存相关的因素，并将其纳入模型。不过，建模可以使用哪些因素，这涉及合法和公平的问题。

保险公司从申请人和投保人那里收集了大量数据，包括性别、年龄、身高、体重、家族病史、职业、诸如烟酒等不良嗜好、个人病历和当前的健康状况（通过体检确定）等。他们有时会收集种族、毒品使用情况、驾驶记录、信用记录和爱好等信息。每个与早逝相关的因素（如果法律允许保险公司使用，而且保险公司确实使用的话）都会提高保险费。

新生儿在出生一年内死亡的概率很高。在婴儿死亡率的排名中，美国位于富裕国家的前列，每一千名活产婴儿中约有六名在出生一年内夭折。[10]死亡的概率从第二年开始下降，直到12岁左右逐渐上升。平均而言，一个50岁的美国人在次年死亡的概率是0.4%，一个65岁的美国人在次年死亡的概率是1.3%，而一个80岁的美国人在次年死亡的概率约为5%。[11]由于老年人在次年死亡的概率更高，如果保险的收益保持不变，那么保险费就会随着年龄的增长而增加。

几乎所有国家的女性都比男性长寿，女性的平均预期寿命比男性多五年左右。[12]80岁的女性在次年死亡的概率约为4.3%，而男性为5.8%。因此，在所有条件相同的情况下，女性的保险费理应比男性低。

种族是美国生活中的一个敏感话题，保险同样受其影响。有足够的数据显示，美国人的预期寿命与种族有关。例如，一个80岁的黑人男子在次年死亡的概率为7%，而白人男子为5.8%，拉美裔男子为4.7%。[13]

家族病史，特别是祖父母、父母和兄弟姐妹的病史，也会影响你的存活概率。如果你的父母都在50岁左右死于与遗传有关的疾病（如冠心病、糖尿病、中风或癌症），那么你的保险费可能会比父母在95岁时仍然健康的人高得多。询问家族病史让人想起一个经典笑话。一个保险申请人说："我真想像祖父那样在睡梦中平静地死去……而不是像他车上的乘客那样拼命尖叫。"

除了要求说明家族病史和本人的病史，保险公司通常还要求申请人做体检，以评估他当前的健康状况。有心血管疾病、高血压、吸烟或酗酒等不良习惯或吸毒史的人，以及肥胖的人可能要支付更高的保险费。由于死亡风险的增加，吸烟者的保险费有时是不吸烟者的 3 倍或更多。[14]

在比较危险的行业（如伐木业、捕鱼业、采矿业、运输业、农业和建筑业）工作的人，可能要支付更高的保险费。

驾驶记录对人寿保险公司很重要，因为 2016 年美国有四万多起交通事故致死事件，其中死亡率最高的是年轻人（15 岁至 24 岁）和老年人（75 岁以上）。[15] 数据显示，驾驶记录不佳（比如，有交通肇事记录）的申请人死亡风险更高，可能要支付更高的保险费。

一些申请人可能会惊讶地发现，保险公司经常会考虑申请人的生活方式。有风险的生活方式和爱好（如跳伞、滑翔、水肺潜水、攀岩、冲浪、极限运动、赛车和驾驶私人飞机），也会导致更高的保险费。

保险公司需要考虑许多影响因素，因为它们希望尽可能做出最明智的决定。它们希望优化模型，以实现利润最大化。建立起更准确的预测模型的公司，可以更好地为自己的产品定价，因此自然比模型不够准确的公司表现得更好。这意味着，使用法律允许的所有变量的公司会有竞争优势。客户无法控制的变量（如年龄、种族、家族病史和遗传标志），可能会导致更低或更高的保险费。一系列不可控的因素（如罕见的遗传病），可能使某人在短时间内死亡。为了抵消这种高概率的死亡，人寿保险公司会向这个人收取非常高的保险费，这可能使他买不起保险。

有风险的生活方式（如攀岩、吸烟、滑翔和饮酒）是可控因素，申请人可以通过改变习惯来避免增加的保险费。但人寿保险的初衷是提供保障，而不是规定某人应该怎样生活。

我们可能会提出这样的问题："在评估风险时，使用哪些可控和不可控的输入变量是公平和恰当的？"鼓吹自由市场经济的人可能会回答，在竞争性市场上，保险公司应被鼓励使用法律允许的任何变量来提高自身的竞争力。法规规定了保险公司可以和不可以使用哪些信息。[16] 人们会认为这些法规反映了社会对公平的认识。但是其他因素（比如，特殊利益集团的游说），也会影响立法。在审查法规时，公益维护人和公共利益监督团体必须始终小心翼翼地关注有没有监管俘获的现象存在。[17]

在美国，联邦法律并未明确禁止人寿保险公司使用种族、宗教、民族、性别等信息。[18] 这使监督人寿保险公司的责任落到各州肩上。事实上，对于使用哪些因素是合法的，各州并没有统一的规定。许多州没有限制保险公司以种族、民族或宗教为依据区别对待投保人，而一些州则明确禁止。这表明，对于保险公司在为保单定价时要考虑哪些公平问题，整个美国并没有共识。各州的规定对谁要承担更大的财务负担有明显的影响。如果一个风险较高的群体与一个风险较低的群体要交相同的保险费，那么风险较低的群体就多付了钱，或者用商业术语说，风险较低的群体在补贴风险较高的群体。

以年龄为例。没有一个州禁止在计算人寿保险费时使用年龄作为变量。否则，所有年龄段的人将为相同的保险支付相同的保险费。在所有其他因素都相同的情况下，这意味着年轻人将补贴老年人的人寿保险，因为年轻人支付的保险费与他们的死亡风险不匹配。

其他不可控制的变量也很重要。正如我们讨论过的，平均而言，女性比男性更长寿。事实上，从18岁到99岁的各个年龄段，男性在次年死亡的概率都比女性高。女性长寿的优势随着年龄的增长而增加。一个65岁的男人在次年死亡的概率是1.6%，而65岁的女人为1.0%，绝对差值为0.6%。到了80岁，差值扩大到1.5%。[19]大多数州允许人寿保险公司在其模型中考虑性别因素，但蒙大拿州不允许。由于不能考虑性别，蒙大拿州的人寿保险公司必须使用单一的寿命表。换言之，蒙大拿州的女性在补贴男性的人寿保险。

数据清楚地显示，种族是预测存活率的一个重要因素，黑人的存活率低于白人或拉美裔。大多数州没有明确禁止在计算保险费时使用种族这个因素，不过一些州已经这么做了，包括加利福尼亚州、佐治亚州、新泽西州、新墨西哥州、北卡罗来纳州、得克萨斯州、华盛顿州和威斯康星州。相反，路易斯安那州的法律明确规定，保险公司在计算人寿保险保险费时可以考虑种族因素。[20]一些州之所以没有明确禁止使用种族因素，可能是因为它们认为种族不会被用作变量，所以不需要制定法规。这个假设的逻辑相当合理。虽然根据种族收取不同保险费的保单早在19世纪就存在，但在1948年，大都会人寿保险公司开始废止这种保单。到20世纪60年代，大多数主要的人寿保险公司都使用综合寿命表，主动忽略了种族间预期寿命的差异。[21]

拉美裔和白人的平均预期寿命比黑人长。当保险公司使用综合寿命表时，结果是黑人的人寿保险得到了拉美裔和白人的补贴，这是产品交叉补贴的一个例子。[22]这就是为什么2014年人寿保险行业报告会显示，有人寿保险的黑人的比例（69%）高于拉美裔和白人（52%）。[23]因此，从这个比例来看，吉姆为妻子购买人寿保险是精明之举。支持这个观点的事实是，66%的拉美裔表示，人寿保险的费用是他们没有购买任何保险或没有购买更多保险的主要原因，而黑人的比例是 55%。此外，22% 的黑人表示他们极有可能或很有可能在次年购买人寿保险，而拉美裔的比例是 14%。[24] 值得注意的是，雇主也是影响购买人寿保险意愿的一个因素。如果雇主愿意补贴雇员购买人寿保险的费用，保险的负担就会减轻，更多的人可能会购买保险。

如果风险较低的人对多交保险费感到不满，决定不购买保险，那么交叉补贴就有失败的风险。如果没有足够的低风险群体来平衡高风险群体，那么保险费就会提高。同样地，高风险群体可能比保险公司更了解自身的风险水平，因此可能更愿意购买保险。比如，假设某人做了一系列基因检测，发现她患乳腺癌的概率非常高，而保险公司可能无法获得这些检测结果，因此，如果这个人购买了一大笔人寿保险，那么她就站在比保险公司更有利的位置上。

在本章关于人寿保险的问题中，我们着重讨论了一个人为自己购买人寿保险的情况。不过，第三方（比如雇主）购买人寿保险的情况同样存在。"9·11"事件之后，一些雇主比受害者家属更早拿到了赔偿金，因为他们为遇难的雇员购买了人寿保险。[25] 雇主为雇员购买人寿保险的动机，可能在于降低失去有价值的雇员的一些风险，或者他们可能觉得保险是一个"不错的赌注"。从雇主的角度看，保额能够反映失去雇员对公司财务的潜在影响，不过真实情况并非总是如此。如果公司掌握的信息使它能够判断为某名雇员投保是不是一个好的财务决策，那么它可以购买远高于或低于潜在财务影响数额的保险。

另一个第三方参与人寿保险市场的例子是保单贴现市场。当投保人急需用钱（例如，如果一个患有绝症的人无法负担救命的药物）时，保单贴现公司会购买投保人的寿险保单。这些公司以低于投保人死亡赔偿金的金额，换取该人死亡后成为保单受益人的权利，从而获得利润。公司要在投保人的余生帮助其支付保险费。这是商业交易，如果投保人很快去世，公司就能获得最大利润。但是如果投保人又活了一段时间，公司可能亏损。

在人寿保险中，对生命的估值只是一个与财务需求和支付能力相关的不完整的价格标签。它与许多其他的生命价格标签不同，因为当有人为自己购买保险时，他是在为自己的生命定价，而不是把这个责任交给外部团体（如陪审团或经济学家）。因为这个价格标签通常是自己确定的，所以在这个领域，个人可以掌握自己的生命价值。如果你犯了谋杀罪，你不能决定你会得到怎样的惩罚。如果你不小心开车撞了人，你不能随意开一张支票，就让自己的罪过一笔勾销。你不能在国会面前证明你的生命价值有多大，并据此要求立法者做更多的工作来让你和你的家人远离污染物、有毒废弃物和其他危险。但是你可以决定自己是否需要人寿保险、买多少以及谁是受益人。简单地说，在购买人寿保险时，你可以决定你的生命重置需求的价格标签。不过，如果你为自己的生命标一个高价，那么你就需要支付高额保险费。

寿险的保险费是由个人决定的，相当于个人对重置价值的自我评估。人寿保险关注的是投保人死亡时的赔付金，而健康保险（下一章的主题）关注的则是病人需要药物、手术或其他医疗服务以提高生活质量时，需要付给病人多少钱。监管者和健康保险公司在评估应该为新的医疗技术（如新药或新手术）付多少钱时，通常会给人的生命贴上价格标签。

第七章
再年轻一次

1990 年，特丽·夏沃在一次心脏骤停后，脑部受了严重的损伤。[1] 经过多年不成功的治疗，特丽的丈夫（和法定监护人）于 1998 年申请移除她的喂食管。这个决定引发了特丽的丈夫和她的父母之间的法律诉讼。案件经过了不同法院的审理、上诉，甚至诉请州长和总统。2005 年，法院最终裁定可以移除她的喂食管。不到两周，她便去世了。在处于植物人状态的十五年间，特丽花费了数十万美元的治疗费用和临终关怀费用。[2] 考虑到各国医疗体系的资源都是有限的，我们有必要思考，花在特丽身上的钱是否应该用于挽救其他人的生命。更广泛地说，这引出了一个关键问题——应该如何分配医疗卫生体系有限的资金。

对生命质与量的估值最能反映一个社会对公平的认识。花多少钱来延长生命或改善健康，反映了我们愿意为未来投资的意愿。社会对公平的评估，体现在影响这个投资决定的因素（如收入、预期寿命、医疗费和疗效等）及如何权衡这些因素。对健康的标价会影响个人的决定（比如，是否吸烟），也会影响社会的决定（比如，是否给更富裕的人特权，是以营利为目的还是要关注其他问题）。

人类健康没有单一的价格标签。价格标签受许多因素影响，比如，谁付钱，提供什么服务，在哪里提供服务，谁提供服务。在更大的范围内，价格标签取决于我们如何定义健康。在本章的讨论中，我们将使用健康的狭义定义，即一个人没有病，也没有受伤。[3]

在确定健康（和生命）的价值时，最关键的影响因素是我们从谁的视角出发。我们是在讨论一家需要决定支付或不支付哪些治疗费用的营利性公司吗？我们是在一个宪法规定政府有义务提供基本医疗服务的国家里，讨论医保应该涵盖哪些项目吗？我们是在谈论一个人为挽救自己或子女的生命，愿意花多少钱治疗吗？这些问题的答案，会导致非常不同的健康价格标签和建议。

不仅是监管机构和营利性公司要考虑健康的价值，作为个人，你每天都在做与健康有关的选择。你的健康决策体现在你如何分配时间和金钱，如何看待健康风险。[4]这些决策反映了你对自己的健康和生命的估值。你的午餐是一份沙拉，还是汉堡和薯条？你吸烟吗？你是步行、骑自行车还是开车上班？你买的是覆盖大部分治疗费用的全面医疗保险，还是只有在医疗费超过高额免赔额后才赔付的灾难险，或者根本没有健康保险，只是听天由命？虽然这些决策和其他决策可能会改善或损害你的健康，但在健康问题上，一切都非定数。

2010年，美国政府发起"全球健康倡议"，指出了健康的根本重要性："健康是人类进步的基石。它决定了父母能否工作以支持家庭，孩子能否上学，女性在分娩时能否活下来，婴儿能否长大成人。医疗卫生服务完善的地方，家庭和社区就会蓬勃发展。缺乏或没有医疗卫生服务的地方，家庭会受苦，成年人会过早死亡，社区会瓦解。"[5]

这段话强调的重点是，保持和改善健康不应仅仅被视为一项开支。健康是可以获得巨额回报的投资，因为健康的作用不容小觑。[6]更健康的人生产力更高，更有能力推动经济增长，可以为社会做出更大的贡献。[7]健康经常被忽视，只有在失去时，人们才会懊悔不已。

给健康标价可能非常具有挑战性，而且像给生命标价一样争议重重。我的驾驶教练残酷地开玩笑说，如果我们有一天撞倒了一个行人，更省钱的做法可能是"倒车，结果他"。"9·11"事件受害者赔偿基金的例子表明，我的驾驶教练在某些情况下是正确的，因为伤害赔偿金可能超过死亡赔偿金。同样地，在一些民事审判中，伤害赔偿金高于非正常死亡的赔偿金。这个看似反常的结论的依据是，昂贵的终生医疗和丧失工作能力会带来一个非常高的价格标签。这样的逻辑很容易受到批评。另一种解释是，人们对生命的估值偏低，如果生命被赋予更高的价值，伤害赔偿必然低于死亡赔偿。

监管者的衡量指标和责任

监管机构需要考虑对社会的整体影响，而不能只关注营利性公司的利润。不同的监管机构对健康价值的看法不同，而这些看法会影响对健康的定价和健康价格标签的使用方式。我们在前文已经看到，环境监管机构在确定因提高空气、水和其他环境标准而挽救的生命的收益时，是如何使用统计生命价值的。更高的环境标准同样可以减少疾病和伤害。对一个可能实施的新法规做成本效益分析时，需要考虑与新法规挽救的生命和预防的疾病、伤害相关的收益。健康受损的代价包括痛苦、疼痛、虚弱、机能丧失，以及无法再享受休闲活动。

环境监管者在评估新的环境标准的健康收益时，首先要了解接触污染物和患病风险之间的关系。在确定水中砷等有毒物质的标准限值时，我们有必要了解更高的砷含量会如何影响人们的健康，包括人们更可能患哪些疾病（如癌症或心血管疾病）。[8] 同样地，在监管火力发电厂排放的污染物时，监管者有必要了解不同含量的关键污染物（如二氧化硫）对健康的影响（如支气管收缩和哮喘的增加）。[9] 监管者量化污染物和疾病之间的关系后，再估计受每种疾病影响的人数是多少，最后为公众受损的健康和失去的生命定价。

卫生技术监管机构在做决策时，考虑的要素和使用的标准与环境监管机构不同。卫生技术监管机构要确定，如何用固定的预算挽救最多的生命。他们审查药物、设备和手术等各种类型的技术，从疫苗、抗生素、计算机轴向断层成像扫描和核磁共振到数字健康技术（如追踪病人活动和药物依从性的智能手机应用程序）。在评估是否投资预防措施、药物或手术时，卫生技术监管机构会考虑许多因素，包括成本和收益的平衡。例如，考虑新技术的健康收益，判断是否值得花那么多钱。一般而言，医保规划人员（无论是政府还是医保办公室）需要判断健康投资的回报是否与投资匹配。无论使用哪种方法来评估健康成本，比之未来的病人，贴现对当前的病人的健康更有利（我们已经看过许多类似的例子）。此外，贴现通常对治疗方案而不是有可能推迟未来重大健康问题的预防措施有利。

给健康贴上价格标签的挑战，与给生命贴上价格标签的挑战非常相似。当有一个竞争性的市场允许产品交易时，我们可以观察价格，比如，我们很容易知道人们愿意为鸡蛋、橙汁或汽油付多少钱。但是，良好的健康显然不能在公开市场上交易。我们不可能在年初花一笔钱去购买未来12个月的健康。由于良好的健康不能像商品一样在公开市场交易，所以经济学家需要想出巧妙的方法来为无法交易的东西定价。

卫生经济学家为确定健康的价值，设计了各种指标，包括追踪健康支出和健康影响的指标。依据这些指标做出的决策会产生深远影响，决定谁能得到什么样的医疗服务、谁的生命会延长、谁的生命会提前结束。虽然选择何种卫生经济学指标有重大影响，但选择何种指标的决定往往由技术专家做出。仔细检验常用的指标及其相应的影响，有助于公众了解选择不同的指标会有怎样的后果。遗憾的是，这样的检验并不存在（这种事并不仅仅存在于医疗卫生领域）。

选择使用哪个指标，取决于决策者的立场和优先级，包括他们对公平的认识。在某些情况下，选择指标只是为了将医疗成本降到最低。在这些情况下，由于预算有限，决策者会使成本最小化，同时在一定程度上关注对健康的影响。即使唯一的目标是使成本最小化，仍有一些关键因素需要考虑，比如，应该将重点放在预防医学（旨在减少患病的机会）还是治疗医学（专注于治疗需要照顾的病人）。

在其他情况下，决策者会做成本效果分析，以估算一个结果的成本，比方说，每避免一个艾滋病病例的成本、每检测出一个癌症病例的成本或病人每次再入院的成本。例如，我们可以很容易地比较不同的艾滋病预防方法（如注射器针头换新项目、安全套分发项目和病毒暴露前预防法），以评估哪个方法最有效。成本效果分析可以帮助决策者确定这些艾滋病预防方法的优劣。不过，当你比较不同的结果或比较针对不同疾病的投资时，成本效果分析的局限性就暴露出来了。这种方法并不能说明投资艾滋病预防项目与投资癌症治疗、心血管疾病预防或任何其他与艾滋病预防无关的健康项目哪个优哪个劣，因为结果（预防艾滋病病例、治疗癌症病例、预防心血管疾病病例）各不相同。

为了以相同的结果做比较，卫生经济学家使用了成本效用比，这个指标关注的是挽救一条生命、一生命年、一质量调整生命年或一伤残调整生命年的成本。[10] 生命年的算法简单且透明，因为我们可以就某人是生是死达成共识。质量调整生命年和伤残调整生命年比生命年更复杂、更不透明。这两个指标都做了调整，使得老年人一年的生命价值低于年轻人（这立即引起了人们对制定这些指标时所用假设的公平性的质疑）。伤残调整生命年通常使用年龄加权法，即年轻时的一年的权重要高于其他年龄段的一年的权重。[11] 这意味着使用伤残调整生命年会让人一生中的每一年都有不同的价值。在计算伤残调整生命年时，20岁罹患的残疾比60岁罹患的残疾的影响大得多。贴现也被用于分析伤残调整生命年，又使老年人的生命价值变小。不仅如此，质量和伤残调整的权重不是普遍的，它只反映一些人而不是所有人的优先级。质量或伤残调整后，挽救一个健康状况良好的60岁老人的价值大于拯救一个髋部骨折、患癌症或艾滋病的60岁老人。这再次涉及公平的问题。[12]

衡量每挽救一条生命的成本时，不会区分被挽救的是什么人。它假定挽救一个新生儿与挽救一个15岁或90岁的人同样重要。在研究每挽救一生命年的成本时，天平向年轻人倾斜了。想象一下这样的情况：只能治疗一个人，是选择15岁的年轻人还是90岁的老年人。如果治疗费用和治疗成功的概率相同，那么挽救每条生命的成本也是相同的。但是，如果挽救的是一个15岁的孩子，他有望多活许多年。相比之下，挽救一个90岁的老年人的生命，可能只能延长他几年的时间。选择使用每挽救一生命年的成本时，年轻人的生命价值高于老年人。

每挽救一条生命的成本，这个指标并没有区分被挽救的生命的预期健康和生产力。假设有两个新生儿都患有相同的先天性心脏病，需要手术、术后治疗和监测，费用高达数十万美元。其中一个新生儿还有严重的发育问题，预计永远无法达到两岁儿童的智力水平。两人是否应该接受同样的治疗？在决定

155

花多少钱来挽救每个新生儿的生命时，是否应该考虑预期的长期发展潜力？

临终照护的情况与此相同。以一个处于永久植物人状态，甚至连部分康复的概率也几乎为零的病人为例。应该花多少钱来维持这个人的生命？如果这个人立过生前遗嘱，他会说出自己的意愿，但是必须有人来承担维持生命的费用，不管是医疗保险公司、医疗服务提供者、政府，还是病人个人。如果这个人没有立过生前遗嘱，只能由他的法定监护人做决定。

我们知道，平均而言，90 岁的人比 15 岁的人活的时间更短，但每年在医疗健康方面的花费要高得多。劳动年龄（19岁至 65 岁）的成年人的医疗费，一般比 18 岁或更小的未成年人高出 70%，而 65 岁以上的成年人的医疗费是未成年人的 5倍以上。[13] 在老年人中，85 岁及以上患者的平均医疗支出是 65岁到 74 岁的人的 3 倍。[14] 美国医疗支出中相当大一部分用在了临终照护上。例如，美国老年医疗保险大约四分之一的支出花在生命的最后一年。[15]

这些事实使人们开始关注世界各地的人口老龄化现象及相应的医疗需求和费用的增加。它们也提高了投资预防保健的必要性，这将减少未来的疾病负担和医疗费。

在讨论评估生命价值时，我们需要了解生命价值取决于生命的年限和质量。直觉上，大多数人为健康的生命年赋予的价值高于不健康的生命年。我们为医疗保险、维生素、药品和手术花钱，目的是改善我们的健康，延长我们的寿命，包括健康和不健康的生命年。当然，健康不仅仅有健康和不健康两种状态。我们可以把健康看作一个从完全健康到死亡的光谱，在两个极端之间是受伤、生病等。卫生经济学家使用质量调整生命年来阐释这个观点。[16]一质量调整生命年代表完全健康状态下的一年。逝者的质量调整生命年为零。在死亡的人（0）和完全健康的人（1）之间的是生活在断腿、呼吸道疾病、艾滋病和其他健康问题中的人，卫生经济学家通过调查来确定各自的值。[17]使用质量调整生命年的公式受到批评，因为它无法普遍地反映每个人对健康的特定面向的看法。

生命年的比较非常简单，因为一个人要么生，要么死。一旦引入质量调整生命年的概念，我们就需要用量表来确定如何为死亡和完全健康这两个极端之间的状态赋值。这些被用于所谓的"效用测量"的量表，反映了病人对某种特定的健康状态的好恶。学者发明了许多测量质量调整生命年的工具，其中最常用的是五维健康量表（EQ-5D）。[18]该测表有五个维度，分别是行动能力、疼痛／不适、照顾自己的能力（如洗漱、穿衣）、焦虑／抑郁和日常活动的能力（如工作、学习、家务、休闲）。[19]每个维度有三个级别。例如，行动能力的三个级别分别是可以四处走动、行走有些不便和只能卧床。其他估算质量调整生命年的工具，使用不同的维度和方法。[20] 这些工具会产生不同的结果，因此即使大家都同意使用质量调整生命年作为卫生经济分析的指标，仍然需要就使用哪种测量工具达成一致。一般来说，使用质量调整生命年就像使用伤残调整生命年一样，对老年人不利，因为他们剩下的时间通常较短。

使用质量调整生命年的另一个问题是，它忽略了一个事实，即人的偏好因年龄、性别、生活方式、优先级和幸福来源的不同而不同。[21] 一个住在家里、终日训练铁人三项的20岁女性的优先级和偏好，显然与一个住在养老院、体弱卧床的90岁老人不同。此外，质量调整生命年关注的是个人，没有考虑对看护者（如家庭成员和社区成员）的影响。

成本效益分析用美元来表示一项健康干预措施的成本和收益，以确定它是否值得投入。[22] 医疗成本和干预措施的积极作用（如预防疾病、治疗疾病、改善健康、延长寿命）都被货币化。成本效益分析的优点是它使用单一的衡量标准（金钱），而成本效果分析的单位是每个结果的成本。成本效益分析的缺点是，它要求研究者将健康货币化，并在这个过程中为生命的质和量贴上价格标签。

从本书已经给出的许多例子可以看出，为生命贴上价格标签的一种方法是将价格标签与收入联系起来。当成本效益分析应用于国家层面时（比如，由医疗卫生监管机构执行），得出的健康的生命年的收益，通常用该国人均国内生产总值的某个百分比来表示。将延长的寿命与人均国内生产总值联系起来的逻辑是，从理论上说，一个人活得越久，就能带来越多的国民经济产出。

大多数发展中国家的人均国内生产总值低于富裕国家。因此，在人均国内生产总值占比相同的情况下，发展中国家的收益会低于发达国家。如果投资改善一个富裕国家和一个发展中国家的健康状况的成本相近，成本效益分析将建议改善较富裕国家的健康状况。事实上，只要分析结果与某种衡量收入或财富的指标（如人均国内生产总值）挂钩，人们就会担忧可能出现不公平的现象，因为国家之间和国家内部给生命贴上的价格标签可能非常不同。

第二种方法是估算人们为更好的健康状况付费的意愿。这种方法使用了第二章介绍的条件估值调查法。[23] 使用这种方法的一个例子是，受访者被告知某种特定的疾病（如甲状腺癌）的风险、治疗方案、存活率等关键的医疗信息。然后，调查员向受访者描述两个社区，它们的关键特征基本相同，只是一个社区患甲状腺癌的风险更低，但房价更高。受访者需要确定他们更愿意住在哪个社区。然后调查员改变两个社区的价格差和风险差，直到受访者没有偏好。此时，调查员便可以根据价格差和风险差来估算个人愿意为避免得甲状腺癌付多少钱。

第二章讨论过的基于调查的估算法的所有问题，在这里同样存在。选择偏差是一个明显的关键问题。调查对象不是人口的随机样本，而是愿意在调查地点回答调查问题的人。此外，只有那些理解提出不同的选择的含义、愿意回答假设性问题、在所有问题上回答一致、与其他受访者足够相似，而且被研究人员认为"合理"的受访者的回答才会被采纳。如果受访者无法理解这些调查的抽象本质，觉得问题无法回答，或者没有给出符合研究人员预期的答案，那么他们的回答就不会被采纳。

给健康定价的第三种方法是计算得病的成本。计算得病的成本时，只考虑相关的财务成本（比如，治疗费用和旷工等经济生产力的损失）。这种方法是对健康成本的过度简化。定义过窄既是它的优点，也是它的缺点。优点是，它可以轻松计算出得病的成本；缺点是，它没有考虑情感上的伤害、疼痛、痛苦、不适等，忽略了生活品质和生活中除了挣钱、消费的其他方面。例如，它未能准确反映持续疼痛的成本（比如，某人虽然能够工作，但身体极度不适，每天晚上和周末必须在家休息才能保证精力、继续工作）。人们可以将得病成本法类比于民事判决只考虑经济损失而忽视其他影响。

国家医疗保险监管机构会如何看待成本效果分析呢？当比较两种疗法时，研究人员会测量接受不同治疗方案的病人的平均质量调整生命年差。患者有时要面对两个选项，一个平均生存期较短，但与健康关联的生活质量较好；另一个平均生存期较长，但与健康关联的生活质量较差。让我们想象一个简化的例子（不考虑成本膨胀和贴现等因素）。在这个例子里，接受第一个治疗方案的病人平均多活五年，每年的治疗费用为1万美元（见表2）。这样，总医疗费平均为5万美元。假设在这种情况下，在这五年间，病人的平均健康状况比不接受治疗时高0.5质量调整生命年，这样，接受第一个治疗方案的病人，将平均多得2.5质量调整生命年，每质量调整生命年的成本是2万美元（总医疗费5万美元除以获得的2.5质量调整生命年）。第二个治疗方案更有效，但副作用更大。接受第二个治疗方案的病人平均多活十年，平均健康状态比不接受治疗时高0.3质量调整生命年。也就是说，第二个治疗方案平均可

表2　比较不同治疗方案的样本标准

	第一个治疗方案	第二个治疗方案
每年医疗费	1 万美元	1.5 万美元
平均多活的年数	5	10
生存期每年获得的平均质量调整生命年	0.5	0.3
总预期医疗费	5 万美元	15 万美元
获得的预期质量调整生命年	2.5	3
每获得 1 质量调整生命年的成本	2 万美元	5 万美元

以获得 3 质量调整生命年。第二个治疗方案每年花费 1.5 万美元，即总医疗费平均为 15 万美元。第二个治疗方案每获得 1 质量调整生命年的成本是 5 万美元（总医疗费 15 万美元除以获得的 3 质量调整生命年）。

决策取决于指标的选择。如果你根据总体存活率来做决定，那么第二个方案是更好的选择。如果你根据每生命年成本来做决定，那么第一个方案无疑更好。如果你根据每获得 1 质量调整生命年的成本来做决定，那么显然第一个方案更好。指标的选择对决策至关重要，因此在选择指标时，既要透明又要周全，必须保证它能准确反映社会对公平的认识。

每增加 1 质量调整生命年的增量成本被称为增量成本效果比。在这个例子里，第二个方案和第一个方案的总医疗费的差距是 10 万美元（第二个方案的 15 万美元减去第一个方案的 5 万美元），而第二个方案比第一个方案多了 0.5 质量调整生命年。这意味着增量成本效果比是 20 万美元（10 万美元除以 0.5）。国家医保计划通常有承保门槛，这个门槛是根据每多增加 1 质量调整生命年的增量成本算出的。这个门槛通常与国家的富裕程度联动，由人均国内生产总值这样的指标来衡量。

选择什么指标用于决策，显然将极大影响资源分配，从而决定哪些生命会得到更多的医疗费、哪些生命得到的更少，并最终决定哪些生命更受重视、更能得到充分的保护。我们有必要将影响医疗资源分配方式的概念引入关于美国医疗体系的讨论中。

美国的医疗卫生体系

美国的医疗保健市场与其他富裕国家非常不同。美国人购买医疗保健服务的方式复杂得多，成本也高得多。与其他富裕国家相比，美国的医疗资源分配不太公平，在相同的成本下，效果更差。以营利为目的的医疗健康公司、医疗服务提供者和制药公司优先考虑的是成本效果，而美国政府对公共卫生系统做的成本效果分析却落后于许多国家。

2017 年，美国的医疗卫生支出占当年国内生产总值的近 18%，约为 3.5 万亿美元。[24] 在由世界上三十六个富裕国家组成的经合组织中，没有哪个国家的医疗卫生支出接近这个数字。占比第二高的是瑞士，它的医疗卫生支出占国内生产总值的 12.3%，而经合组织其他国家的医疗卫生支出均低于 12%。[25] 在世界几乎所有地区，健康都是大产业，美国尤其如此。《财富》世界五百强企业中，有不少医疗健康公司（如联合健康保险集团、嘉德诺健康集团、安森保险公司、安泰保险公司）、零售连锁药店（如来德爱公司和沃尔格林公司）和制药公司（如强生公司、辉瑞公司和默克公司）。[26] 这些医疗健康公司雇用了数百万美国人，对国家经济有重大影响。

除了高昂的医疗费，美国与其他国家的另一个关键区别是，大多数富裕国家甚至一些中等收入国家已经实现了全民医保。2017 年，如果不考虑老年人，美国人的无保险率为 10.2%，而儿童的无保险率为 5%。[27] 这样的比例是迄今为止，经合组织国家中最高的。[28] 美国有这么多无保险者，这反映了美国社会并不将基本医疗保险视为一项人权。[29] 这与实行全民医保的其他富裕国家形成鲜明对比，它们将基本医疗保险视为基本人权。

平均而言，美国人在健康上比其他国家多花费数千美元。这带来了几个问题：为什么美国人要花这么多钱？美国人是否比其他国家的人更重视健康，因此对健康的标价更高？美国人的支出更多，是因为健康投资的回报更高，还是因为美国的医疗卫生体系效率低下？在深入研究数据之前，重要的是须记住，经合组织国家在人口、面积、财富、平均年龄、种族分布，以及其他可能与预期寿命和医疗健康费用有关的因素方面差异极大。

美国的健康数据清楚地显示，美国人在健康方面投入的 3.5 万亿美元，并没有得到很好的回报。美国是所有富裕国家中预期寿命最低的国家之一。在三十六个经合组织国家中，美国的女性预期寿命、男性预期寿命和总预期寿命都低于平均水平。[30] 就婴儿死亡率（新生儿出生第一年死亡的概率）而言，美国与其他富裕国家之间的差距更加明显。[31] 只有三个经合组织国家的婴儿死亡率高于美国。美国也是产妇死亡率（每一千名生下活产婴儿的产妇的死亡人数比）最高的国家之一。[32]

在美国，不同群体预期寿命的差异极大，这反映了遗传、性别、种族、民族、社会经济群体和地域的差别。[33] 最突出的一个例子是，美国亚裔女性和黑人男性的寿命差超过十五年。[34] 黑人的婴儿死亡率是拉美裔和白人的两倍以上，产妇死亡率是白人女性的3倍以上。[35] 美国不同收入阶层的卫生健康状况差距巨大。美国可能拥有世界上一些最好的医学研究机构、最先进的医疗卫生技术和最知名的医院，但公共卫生指标远远低于大多数富裕国家。

想想四名"9·11"事件受害者。吉姆和里克所在的组织为他们购买了健康保险。吉姆的家人被纳入他的全面医疗保险，该保险的费用全部由他的雇主承担，而里克的遗孀在他们结婚时被纳入了他的消防员保险。塞巴斯蒂安被纳入了他父亲的灾难险，他的父母选择这个险种是因为保险费便宜，但他们希望自己永远不需要去医院或急诊室就诊。阿尼塔没有保险，因为她当服务员的兼职工作没有提供保险，而且她付不起保险费。年轻而健康的她知道，如果得了急病，她只能自掏腰包。同时，她为了节省现金，也不做年度体检。

这四个人以不同的方式与美国的医疗卫生体系打交道。这提醒我们，在美国，有些人通过雇主获得保险，有些人被纳入政府项目，有些人购买商业保险，有些人没有保险。与其他富裕国家相比，美国复杂的医疗卫生体系效率更低、行政成本更高、保险覆盖范围差别更大。美国的健康数据（如预期寿命、婴儿死亡率和产妇死亡率等）远不如其他富裕国家。虽然美国人在健康方面的支出远高于其他富裕国家的居民，但数据仍然不尽如人意。简而言之，美国人健康投资的回报低于其他富裕国家的居民。

美国人在健康方面的支出之所以比其他国家高得多，原因有几个，其中最主要的是门诊医疗服务。[36] 另一个原因是防御性医疗，即开处方的医生为了免受渎职罪起诉，而让病人做临床价值成疑的检查、诊断等。[37] 卫生体系的管理成本和品牌药的价格更高，也是美国健康支出更高的原因。

2010 年通过的《平价医疗法案》多少改变了美国医疗保险的现状。[38] 这项法案为了解决医疗保险分配不公平的问题，要求保险公司为全部投保人提供新的最低标准，并规定保险公司不能拒绝有病史的申请人，也不能对他们收取更多的费用。该法案对人寿保险的规定不同以往，此前各州对保险公司在确定保险费时是否可以考虑种族或性别的要求各不相同。在《平价医疗法案》出台前，如果申请人有治疗费不菲的疾病，医疗保险公司可以拒绝他的申请，或者向他收取高昂的保险费。《平价医疗法案》还要求保险必须覆盖投保人的子女，直到他们年满26周岁。《平价医疗法案》的直接目是减少没有保险的美国人的比例，这可以减少灾难性卫生开支和因病致贫的人数，美国人的健康状况也会得到改善。

《平价医疗法案》明确禁止在比较效果的研究中使用成本效果分析。这限制了政府优化医疗卫生支出的能力，使政府无法在固定的预算下挽救最多生命或质量调整生命年。该规定也增加了控制成本的难度，因为监管机构无法确定一个更有效的治疗方案是否比另一个不那么有效的治疗方案更划算。[39]该法案还有其他限制，如禁止联邦医疗保险根据病人的残疾、年龄或未来预期寿命等信息来确定资源分配的次序。[40]

以癌症护理为例。不同的癌症的预防、检查、治疗和康复费用是不同的，死亡的风险也不同。根据一项对1质量调整生命年的成本的分析，肺癌的治疗费不到2万美元、结直肠癌约10万美元、乳腺癌约40万美元、前列腺癌近200万美元。[41]如果根据1质量调整生命年的成本来优化资源分配，那么资源将被用于治疗肺癌患者和结直肠癌患者，因为其成本效用更高。指标的选择至关重要。选择不同的指标（如挽救一条生命的成本或一个生命年的成本），结论可能不同。

在确定是否支付某人的治疗费时，不需要考虑病人的个人责任（比如，一个几十年来每天抽两包烟的 70 岁老人患肺癌的概率远大于不抽烟的人）。治疗癌症的决策关注挽救每条生命、每生命年或每质量调整生命年的成本，而不考虑目前的疾病是否与病人的个人选择有关。此外，病人的个人选择很可能影响其长期预后（比如，一个有不健康生活方式的病人可能会延续不健康的生活方式，即便在接受治疗后）。

虽然不能使用成本效果分析，但联邦医疗保险为责任制医疗组织提供了一个降低成本的激励机制。责任制医疗组织是一个由医生、医院和其他医疗服务提供者组成的团体，目标是以较低的成本提供高质量的医疗服务，以改善病人的健康状况。如果责任制医疗组织能够证明他们提供了高质量医疗服务，他们就能赚回一些省下的成本。

其他国家允许监管机构用成本效果分析来做医疗卫生决策，并授权政府通过谈判来降低医疗服务的价格。澳大利亚的药品福利计划就是一个例子。政府以协商的价格购入药品，然后以澳大利亚人负担得起的价格出售这些药品。

英国国家健康和保健医学研究所（NICE）在其指南推荐中考虑了卫生经济学。该研究所的指南制定小组需要同时考虑临床效果和成本效果。如果科学证据表明，一项干预措施或医疗服务能够在成本效果阈值之内带来巨大健康收益，那么它就会得到推荐。成本和健康影响都要贴现，还要做敏感性分析，以检验经济分析结果的不确定性。[42]

泰国的卫生干预和技术评估计划（HITAP）也发挥着类似的作用。该计划不仅评估医疗技术，还为泰国的价格谈判提供帮助。该计划对医疗技术（如药物和手术）的结构化分析，为政策决定提供了参考。该计划评估的关键因素包括安全性、功效和效果（健康收益）、资金价值（成本效用）、社会因素（如预防灾难性疾病或挽救生命的潜力）、道德因素（如对社会最弱势群体的影响或对罕见病的治疗），以及制度和政治因素。[43]

泰国卫生干预和技术评估计划、英国国家健康和保健医学研究所等监管体系，建立价值评估框架，以反映各国的优先级。一些社会更注重公平或成本效用，会在其医疗卫生计划中强调这点。另一些社会更重视道德考量。还有一些社会更重视个人责任，对公共卫生部门的作用考虑较少。

无论做卫生技术评估的是英国、泰国还是其他国家，成本效用都是一个考量因素。各国在批准一种药物或手术时，通常会设置成本效用上限，这个上限通常与衡量国家收入或财富的指标（如人均国内生产总值）关联。这反映了国家的支付能力。一个年人均收入只有 1 000 美元的发展中国家，很难负担每人每年支出超过 10 万美元的治疗方案（最罕见的疾病除外）。如果这个国家承诺负担治疗罕见病的费用，那么该国政府如何证明，不负担其他治疗费仅为每人每年 5 万美元的疾病是合理的？在任何关于支付意愿的讨论中，都不能忽视负担能力的问题。

虽然设置阈值是必须的，但政府可以根据非财务因素（如社会和道德因素），规定一些例外情况。英国和泰国都有这样的例子——即使超过了阈值，某些治疗方案仍然被批准了。富人和穷人都希望拥有良好的健康，但穷人和不太富裕的政府往往负担不起许多重要的治疗。

许多国家已经承诺提供全民医疗保险，即每个公民都有权获得基本医疗服务。[44] 提供全民医疗保险的国家有日本、新加坡、澳大利亚、瑞士和英国。[45] 不同的国家对基本医疗服务的定义不同，但通常都包括预防和治疗。同样地，《平价医疗法案》要求医疗保险计划提供基本医疗保险福利（包含十项保险福利）。[46]

医疗保险

政府提供的医保计划（如老年医疗保险），由于预算有限而有财务限制，由于服务提供者数量有限而能力有限。由于是靠公民税金提供的公共服务，政府医保计划必须考虑如何公平分配资源。

营利性医疗保险公司像其他营利性公司一样，受的限制较少，动机也比较单纯。它们寻求收入最大化，成本最小化，同时满足监管要求。公平（如《平价医疗法案》的监管要求，即医疗保险公司不能拒绝有病史的申请人或向其收取更高的费用）和质量标准为营利性公司带来的限制，影响了它们实现利润最大化的目标。

营利性医疗保险公司，通过增加客户的数量和客户的保险费来实现收入最大化，通过尽可能少支付客户的医疗费来实现成本最小化。但《平价医疗法案》规定的质量标准提高了它们的成本。这些公司可以通过引入效率策略或使用不太体面的方法（如设置行政障碍，使其客户更难获得医疗服务，或拒绝昂贵的治疗方案。在《平价医疗法案》实施之前，它们可以拒绝有病史的申请人）来尽可能降低医疗费。

非营利性医疗保险公司的处境，与政府医疗监管机构类似。它们的预算有限，需要在确保财政层面可行的条件下，努力挽救最多的生命或生命年。这是一个成本效用的例子，必须考虑财政限制和其他因素（如公平）。

医疗保险公司做数据分析并建立成本模拟模型，以帮助它们实现利润最大化。预算影响模型会检验不同治疗方案的预期病人成本，包括门诊和住院医疗服务、医疗器材和处方药的成本。公司会根据分析结果对不同的治疗方案排序。

保险公司的付费模式也在变化。传统上，这些公司或者按服务付费，即医疗服务提供者按照其提供的服务获得报酬，或者按人头付费，即每个病人会为治疗服务提供者带来一笔固定的报酬。这两种模式都有激励问题。前者激励医疗服务提供者最大限度地增加服务数量，不管这些服务是否必要；后者激励医疗服务提供者接受最大数量的病人，然后提供最少的服务。制定质量标准是为了抑制这些激励潜在的负面后果。寻求控制成本的保险公司，正试图与医疗服务提供者和制药公司签署风险分担协议。不管保险公司的付费模式和法律的要求（保险公司必须提供哪些医疗福利）如何变化，病人、服务提供者和保险公司的动机不会完全一致。

保险通常是管理风险的手段。就健康而言，即使买了保险，你仍然需要支付一部分医疗费，但不需要支付全额。买或不买健康保险的选择可以说是一种赌博。健康的年轻人可能会觉得，不买保险的赢面更大。如果没有遭遇事故，没有患上重病，或者没有其他大的医疗需求，那么他们就赢得了赌局。然而，这种赌博的结果往往很糟糕。在美国，大约一半的个人破产与医疗有关，没有保险的人比有保险的人更容易因病致贫。[47]

《平价医疗法案》减少了美国没有保险的人数，从 2013 年的四千多万人（只计算 65 岁以下的人）减少到 2017 年的两千七百四十万人。[48] 但是美国没有保险的人仍然很多，只比加拿大总人口少大约 25%。《平价医疗法案》未来的执行，将继续受政治环境、经济条件，以及新政策影响财务和健康的证据的影响。

80% 以上没有保险的美国人属于工薪阶层，一半以上没有保险的家庭的收入不到贫困标准的两倍。这些家庭收入有限，需要对开支精打细算。没有保险的人当中，一些人有资格获得受补贴的医疗保险，而其他人则需要支付全部费用。无论哪种方式，这些人都需要在买医疗保险和付租金、买食物、交电费等之间做权衡。不买医疗保险，家庭可以把有限的资金用于购买其他生活必需品，但这样一来，他们更可能因为突如其来的疾病变得更加贫穷。

自费：为了我们和我们的家人

在电影《假期历险记》中，舍维·蔡斯问修车要花多少钱，机械师反问道："你有多少钱？"任何自费买过医疗保险的人都能理解这种处境。

不受约束的资本主义使少数人积累了大量财富，而相当一部分人没有或几乎没有任何财富。在医疗卫生方面，如果没有监管要求执行一些公平的措施，纯粹的自由市场将使社会上最富有的人获得世界一流的医疗服务，而负担不起的人则只能等死。健康的价格标签受支付能力的限制，顶级富豪可以获得的医疗服务是没有上限的，而没有钱的人只能望洋兴叹。美国的医疗补助制度（Medicaid）确保最贫穷的人能得到一定的帮助，但器官移植使我们得以一窥金钱是如何购买健康乃至生命的。

在美国，自费的医疗服务很少是透明的，只有一部分客户知道医疗服务的价格是可以协商的。费用的差别很大。例如，2011 年，在布朗克斯区做全下肢核磁共振成像的价格是巴尔的摩的 12 倍。更夸张的是，仅在迈阿密，价格就可能相差 9 倍。[49] 即使是由同一个医生提供相同的医疗服务，费用也可能因病人是否有保险及投保哪家保险公司而有很大差别。在美国，定价不透明的现象司空见惯。这就是为什么我们得知医疗服务的价格时，往往会大吃一惊。

但是当你需要医疗服务时，你最先考虑的当然不是讨价还价。突发疾病时，人们首先想的是治疗。在一些国家，价格是固定的。在其他国家，如英国，医疗服务由国家医疗卫生体系提供，在医保服务点看病通常是免费的。在美国，医疗行业蓬勃发展，自费往往是许多营利性机构的主要收入来源。

考虑如何给健康标价时，人们会遇到两个关键问题：你愿意花多少钱来改善你或得病的家人的健康？你愿意花多少钱使你、你的父母或你的孩子能健康地多活十年或二十年？这些问题直指医疗服务的盈利模式的根本问题。自由市场的鼓吹者主张，较少的监管、较少的管理和较少的政府干预对医疗行业有利。他们犯了一个错误，那就是忽略了健康的一个重要特征——无弹性需求。与小物件、芝士汉堡或新智能手机不同，人们对救命的医疗服务的需求不会因为价格的上涨而减少。如果一种救命药可以治愈你的疾病、你父母的癌症或者你孩子的罕见病，那么不管花多少钱，你都想获得这种药。救命药或救命的治疗方案的费用增加一两倍，需求不会下降。医疗市场化往往与基本医疗卫生服务是一项人权的想法相抵触。

预防（如接种疫苗和体检）是医疗卫生服务的一个方面。它确实经常表现出弹性需求的特征，这意味着随着这些服务的成本增加，人们可能会减少使用这些服务。由于短期的现金流问题，人们往往会牺牲可以预防长期的、治疗费通常很贵的疾病的医疗服务。这是不幸的，不仅因为这会使人们失去健康的生命年，还因为从经济的角度来看，预防的成本效果往往高于治疗。

金钱无法保证健康，但可以买到更好的医疗卫生服务。想想器官移植的例子。器官移植的需求远大于健康的、不发生排斥反应的肾脏、肝脏、心脏等可移植的重要器官的供应。建立一个公平分配这些能够延长生命的器官的机制很重要，而利欲熏心的人往往会设法插上一脚。器官移植旅游是一项重要的业务，人们可以在网上看到肾脏、肝脏、心脏和肺移植手术的广告，这些手术的价格往往远超 10 万美元。印度、巴基斯坦等国是器官净出口国，而澳大利亚、加拿大、日本和美国等富裕国家的公民则是器官移植的净接受者。[50]

在器官市场上，健康和延长寿命显然是可售的。负担得起器官移植旅游的人可能会得到一个新器官，而没有足够经济能力的人则不得不接受早死的命运。

如何公平地确定器官接受者的顺序？一个人的生命是否比另一个人的生命更有价值？年轻人应该在老年人之前接受器官移植手术吗？预期的未来健康生活的年数，如何影响个人接受移植手术的顺序和重要性？公司总裁应该排在前体育明星、高中清洁工或流动农场工人前面吗？如果一个老年痴呆症晚期的 90 岁诺贝尔奖获得者和一个有发育障碍的 15 岁学生都需要同一个器官，社会应该如何做选择？一个每天抽两包烟、早餐喝威士忌、从不运动的 60 岁老人与一个从不吸烟、只吃素食的 60 岁马拉松选手，是否应该有相同的优先级？

最后，社会应该如何对待在永久性植物人状态下生活了十五年的特丽·夏沃？花在她身上的钱用于挽救其他人的生命是不是更好？如果是，应该挽救谁的生命？这些问题的答案远远超出了成本效益分析的范畴，涉及人权、公平、正义等许多其他考量因素。

医疗保险给健康贴上了价格标签，相应地，也给病人更高质量的生命贴上了价格标签。下一章重点讨论生育决策。生育决策更为根本，因为它涉及是否要创造新的人类生命，如果要，要创造多少。是否生孩子及如何为孩子分配资源的决策，同时涉及货币因素和非货币因素。

第八章
我们生得起孩子吗？

珍妮是一个 23 岁的研究生，和男朋友住在一起。她服用避孕药后避孕失败。她怀孕了，需要做出新的人生选择。她可以把孩子生下来，然后把孩子送人。孕期非常难熬，但等到孩子出生，她就解脱了，不需要承担家长的责任。她也可以把孩子生下来，自己抚养孩子。这意味着她要对孩子负责，像所有父母一样付出时间、精力和金钱，但能得到做母亲的收益。这可能会影响她完成研究生学业的计划，也会影响未来的许多其他决定。养孩子会严重影响珍妮今后几十年的财务状况，这种影响始于产前护理，可能会持续一生。第三个选择是终止妊娠。珍妮非常迷茫，不确定应该如何选择。

生育决定对个人、家庭、社区和社会都有深远影响。本章不会讨论与生育相关的所有决定，而只关注堕胎，包括堕胎权、性别选择性堕胎和残疾选择性堕胎，因为在这些领域，公平和价格标签的作用是显著的。

堕胎权涉及对孕妇和胎儿生命价值的评估，而性别选择性堕胎和残疾选择性堕胎则让人们看到，一些准父母如何评估即将降临到世界上的不同生命的价值。这些例子也再次印证了本书反复提及的一个现象——价值被低估的生命得到的保护更少。

育儿的成本和收益

只有特别注重细节的夫妇（或许是一对数据科学家、经济学家或统计学家）才会用电子表格来计算拥有一个孩子的预期财务成本和预期财务收益。很少有祖父母会在家庭聚会上，当着一大家子人面展示表格上的正收益。但是，夫妻确实会讨论生孩子和养孩子的成本。我们的消防员里克和他的未婚妻很清楚，他们想生至少两个孩子，而且认为消防员的工资可以负担相关费用。塞巴斯蒂安的父母本来没打算要孩子，但是当阿梅莉亚说出自己怀孕的消息时，他们非常兴奋。他们知道之前父母养育他们的开销远低于父母当时的收入，而且认为，如果真的入不敷出，他们的亲戚会伸出援手。第二个女儿出生后，吉姆和他的妻子不确定他们想不想要第三个孩子，因此决定在妻子快到 40 岁时冷冻她的一些卵子。

　　家长不会真的做一份养育孩子的财务分析表，但想要孩子的夫妇肯定会考虑预期开销。将是否生孩子的决定单纯视为一笔财务计算（类似于公司做的成本效益分析）实在狭隘，没有人是这样做出为人父母的决定的。需要考虑的因素还有许多，包括想对另一个人付出爱、将被赐予的生命作为礼物回报给另一个人，以及让祖父母高兴。人类因为性行为和由此诞生的孩子而不致灭绝。不过在这里，我们不考虑生孩子的情感和进化动机，只关注经济问题。

　　虽然一些研究人员将所有费用相加，估算出了育儿总成本，但这个数字因具体的抚养方式不同而有很大差异。父母如何养育孩子、给予哪些经济上的支持，将极大影响育儿成本。孩子是否尽心照顾父母，也会影响经济收益。父母可以期待孩子提供支持，但无法保证一定会实现。

　　据估计，一个中等收入的美国家庭养育一个孩子到 18 岁大约需要 25 万美元（不同家庭相差很大）。[1] 这不包括父母在孩子 18 岁后可能承担的费用（比如，付大学学费、付婚礼费用、帮助买车或买房）。

　　养育孩子的主要成本包括食物、衣服、医疗护理、教育、增加的住房成本和娱乐。医疗护理费用包括怀孕护理、分娩护理和孩子的医疗护理费用。教育包括决定孩子上什么学校（公立或私立），是否需要给孩子请家庭教师，孩子是否需要上课外辅导班。是否需要付大学学费？上公立大学，还是私立大学？研究生读哪个专业，医学还是法学？是否需要帮孩子买房子？是负担婚礼开支，还是买一份慷慨的结婚礼物？要不要给孙子、孙女钱？经济条件较差的夫妇的子女通常花费较少，因为上述许多选择是受限的。

父母可能立即得到政府的支持和员工福利，这可以部分解决育儿费用的问题。有些父母以后会从子女那里得到经济回报。有些子女在父母年老时会为其提供经济支持。有些子女会长期照料父母，帮助他们开车、打扫卫生、做饭等，如果没有子女的帮助，父母必须付钱请人来做这些事。除了经济回报，子女还可以给父母提供情感支持、爱和陪伴。与子女建立爱的关系带来的情感价值，是不可能准确地转化为货币的。同样地，民事判决在评估非正常死亡的赔偿金时，不关注情感价值，只关注经济影响。

如果按照第四章讨论的净现值的定义，对于许多家庭来说，生孩子的净现值为负。即便如此，几十亿人仍然选择生儿育女。这说明，将孩子视为一项纯粹的金融投资显然是错误的。进化与现金流的贴现分析无关。不过，相比现在，以前养育孩子更可能为父母带来较高的投资回报率。

如果我们把养育孩子的经济成本和孩子的经济贡献分别相加，就可以得出养育孩子的开支和孩子给家庭带来的收入。在孩子成年之前，家庭每天都要支出，而孩子的经济贡献通常很小，因为未成年人在美国没有多少就业机会。[2]

自 20 世纪初以来，美国童工的数量已经大幅下降。不过直到今天，童工在世界许多地方仍然很普遍。[3] 大约一百年前，许多美国孩子不去上学，而是在矿山、工厂工作，或者卖报纸、传口信、擦鞋。那时，美国的孩子可以被视为一个合法的潜在收入来源，因为他们在很小的时候就能赚钱，把钱带回家。虽然这些孩子的收入比成年人少，但对于父母来说，一个年幼的孩子的现金流可能是正的。

这种状况在 20 世纪逐渐改变。由于免费的义务教育体系的建立、贫困率的下降，以及禁止雇用童工的联邦法律的出台，童工率降低了。这个趋势不仅反映了美国社会更广泛的变化，还反映了在世界许多地方观念的转变：儿童不再是父母的财产，而是有特殊权利、受到保护的社会成员。[4]

从价格标签的角度看，在美国，儿童代表着父母的一项重大财务投资（往往高达几十万美元），其成本发生在前期，而潜在的财务收益（如果有）则发生在多年以后。更关键的是，生孩子的财务等式可能会因育儿的预期成本和未来的预期收益的不同而有很大不同，这个概念我们将在下文讨论堕胎时再次提及。

婴儿市场

虽然养育孩子有很大的经济影响，但每年仍有成千上万的人花大价钱治疗不孕不育。[5] 无法受孕的人可以接受体外受精（试管婴儿），这种手术的费用往往高达数万美元。[6] 不能或不想怀胎的女性，可以选择代孕，这项业务正蓬勃发展：提取亲生母亲的卵子，使其受精，然后植入代孕母亲体内。代孕费用约为9万至13万美元。[7] 即便选择代孕，亲生母亲可能仍然需要接受辅助生育治疗，这会进一步增加费用。代孕已经成为一项跨国业务，一些夫妇选择在印度雇用成本更低的代孕母亲。[8]

想成为父母的人还有一个选择——领养。领养的法律和行政费用通常高达数万美元，甚至超过了一般的育儿成本。领养一个没有血缘关系的孩子，意味着父母要养育一个与他们没有基因联系的人。达尔文主义可能难以解释领养的动机，但不可否认的是，领养满足了许多父母的情感需求。领养与同情及生命的相对价值有关，这两个主题将在后文讨论。

另一个选择是寄养。寄养与领养的区别是，寄养是临时的（领养是永久的）；寄养父母没有父母的法定权利，他们可以领取补贴以支付孩子的花销，而领养孩子的父母需要承担这些费用。2017年，美国有近五十万名寄养儿童。[9]

无论是通过不孕不育治疗、代孕母亲、领养还是寄养，许多成年人都愿意为成为父母而花费大笔金钱，并承担父母的所有责任、成本和收益。

堕胎

女性要么怀孕，要么没有怀孕，没有中间状态。怀孕要么是有计划的，要么是意外的。意外怀孕经常发生，它发生在已婚女性和单身女性身上，发生在少女和 40 多岁的女性身上。意外怀孕的原因通常是夫妻没有采取避孕措施，或者未正确地采取避孕措施，或者采取的避孕措施失效。一些避孕手段（如植入物、宫内避孕器和绝育）失败的概率很低（平均每一百名妇女一年内怀孕次数小于一次），另一些（如避孕海绵、避孕套、杀精剂和体外射精）失败的概率相对较高（平均每一百名妇女一年内怀孕次数超过十八次）。[10]

在美国，几乎没有比堕胎更具争议性的话题。这个话题可以使家庭分裂，使朋友反目成仇。激进的支持者和反对者常常把堕胎当作检验政治家和法官的试金石。关于堕胎的讨论引发了极具挑战性的问题：生命从何时开始？胎儿是人吗？胎儿有权利吗？如何在个人的自主权与社会的规则、规范之间做取舍？能否强迫女性违背自己的意愿孕育生命？与堕胎相关的许多问题涉及宗教、哲学、法律和伦理学。

本章不会试图回答上述问题，而是会通过对人工流产的讨论来研究两个关键问题：如何评估胎儿的生命价值？为一个胎儿赋予的生命价值比另一个胎儿更高，尤其是涉及胎儿的性别或基因时，会产生怎样的影响？

人工流产指通过外科手术或药物有意地终止妊娠。与此相反，大约 15% 到 20% 的妊娠以自然流产告终。[11] 无论怀孕是计划的还是意外的，女性选择人工流产的原因有很多，比如，她的生命或健康受到威胁，或者由于胎儿的某些特征，她不想生下孩子，或者她一开始就不想怀孕。

世界各地对堕胎权的规定大不相同，从绝对禁止，即不管什么情况（包括因为强奸或乱伦而怀孕、母亲可能死亡）都是非法的，到非常宽松，即允许孕妇在怀孕早期按照自己的意愿堕胎。在这两种极端情况之间，还有不同的分级。一些国家规定，在孕妇的生命受到威胁时，或出于保护孕妇健康的目的，或由于社会经济原因，堕胎是合法的。全球 60% 以上的人口生活于允许在怀孕早期做人工流产的国家，这些国家没有或很少有限制。[12]

权利和价值是相对应的。人工流产既代表着在孕妇和胎儿的权利之间做取舍，也反映了社会为孕妇和胎儿的生命赋予的相对价值。当社会选择保护某人的生命时，这意味着社会为其赋予了更高的价值。相反，当社会没有保护某人生存的权利时，这意味着社会认为该生命的价值较低或没有价值。如果一个社会允许以保护孕妇的生命为由堕胎，这意味着这个社会更重视孕妇而不是胎儿的生命和权利。更为普遍的情况是，母亲堕胎权的提高意味着胎儿相对权利的降低。

在美国，堕胎权随着时间的推移而变化。直到今天，公众和法院围绕着堕胎权展开的激烈辩论仍未结束。19世纪末，几乎所有州的法律都规定，在怀孕的任何阶段堕胎或尝试堕胎都是非法的。到20世纪70年代初，四十四个州只允许在怀孕危及女性生命的情况下堕胎。五个州允许在女性的生命或健康受到威胁的情况下堕胎。[13]宾夕法尼亚州在任何情况下都不允许堕胎。在接下来的十年里，堕胎权迅速发展。到1972年，十三个州的法律规定，"如果孕妇的生命或身体健康或精神健康受到威胁，如果胎儿出生时有严重的身体或精神缺陷，或者如果怀孕是强奸或乱伦所致"[14]，那么堕胎是合法的。

到了这时，孕妇的生命和健康不再是判定堕胎合法性的唯一条件。受孕方式、胎儿预期的身体和精神状况，也可以被当作判定堕胎合法性的因素。在"罗诉韦德案"（1973年）中，最高法院裁定，在胎儿可存活前，孕妇堕胎的权利受宪法保护。可存活的定义是，胎儿在人工辅助下可以在子宫外生存。各州可以制定法律禁止妇女在胎儿发育到可存活状态后堕胎，除非需要通过堕胎来保护她的生命、精神或身体健康。

最高法院裁定，堕胎权是基本权利，是隐私权的一种。尼克松任命的哈里·布莱克门大法官撰写了本案的判决书。他写道："隐私权……适用范围很广，足以包括女性是否终止妊娠的决定。"[15]

最高法院指出，州禁止堕胎的法规必须以"令人信服的州利益"为据。这一点很重要，因为它提醒我们，堕胎也是在个人自主权（孕妇控制自己身体的权利）与社会规范和规则之间做取舍。"令人信服的州利益"带来了疑问——女性的生殖器官是由个人所有，还是由社会集体所有和管理？社会有权规定她能或不能用自己的身体做什么吗？

"罗诉韦德案"的判决有许多关键问题，其中一个最根本的问题是胎儿是否享有权利。《权利法案》讨论的是"人"的权利，权利的主体是人类。将胎儿定义为人是否公平？在"罗诉韦德案"中，法院的观点是，胎儿不是"第十四修正案意义上的人"，因此不受该修正案的平等保护条款的保护。那些不希望卷入这场辩论的人，通常认为胎儿"（具有）发展成人类生命的潜力"。

判决强调胎儿"可存活"，这可以被视为胎儿与孕妇生命的相对价值的转折点。孕妇可以按照自己的意愿打掉不可存活的胎儿，而被认定为可存活的胎儿则享有美国法律规定的更多的权利。一旦被认定为可存活，胎儿对社会的相对价值就会增加，因此只有在各州规定的有限情况下，堕胎才是合法的。"罗诉韦德案"的判决出炉时，人们已经认识到，用于判断存活与否的胎龄是人为认定的，会随着科学的进步而改变。

一般来说，孕期越短，婴儿越轻，存活的可能性越小。在富裕国家，大多数孕期在 25 周或以上、出生体重在 600 克或以上的婴儿都能存活。[16] 此外，在发达国家出生的 23 周至 24 周的婴儿中，至少 50% 能够存活。[17] 甚至有一个只有 21 周大的早产儿，不仅存活了下来，还成长为健康的成年人。[18]

考虑美国和英国的历史渊源，我们有必要看看英国的堕胎法。1967 年英国的《堕胎法》规定，孕期在 28 周以内的堕胎是合法的。1990 年，孕期缩短至 24 周，但在少数情况下仍可选择晚期堕胎，包括极端的胎儿畸形、为挽救孕妇的生命或保护其健康。孕期的缩短可能反映了早产儿医疗护理手段的进步。

孕期是影响人们对堕胎看法的一个重要因素。在美国所有政治派别中，胎龄越大，人们对堕胎权的支持越弱。2018 年的一项民意调查显示，只有13%的受访者认为，在怀孕最后三个月，"堕胎基本上应该是合法的"。28%的受访者认为"在第二个三月期堕胎应该是合法的"，60%的受访者认为"在第一个三月期堕胎应该是合法的"，均高于13%。[19]这种态度的变化，可能反映了人们对胎儿什么时候"可存活"的直观认识。

人们对堕胎权的看法与孕期有关，这反映了随着胎龄的增长，社会为胎儿的生命赋予了不同的价值。探讨这个问题的一个方法是研究胎儿与孕妇的生命的相对价值。当孕妇可以选择以任何理由堕胎时，相较于孕妇的生命，胎儿生命的相对价值微不足道。对堕胎的法律限制意味着胎儿有一定的权利，也就是说，胎儿的相对价值大于零。不允许堕胎，说明胎儿至少拥有与孕妇同等的权利，堕胎等同谋杀，相当于孩子在出生后就被杀害了。如果当胎儿威胁到孕妇的生命时，堕胎仍然是违法的，那就意味着女性被剥夺了保护自己生命的基本权利。在这种情况下，人们可以理解为胎儿被赋予的权利实际上比孕妇更大。

让我们用百分比来衡量孕妇堕胎的权利。如果堕胎被严格禁止，这个百分比就是0%。允许在某些情况下堕胎的国家，百分比在0%到100%之间，这取决于孕妇的权利和孕期。如果孕妇可以以任何理由堕胎，这个百分比就是100%。在美国的一些地方，在胎儿被认定为可存活之前，这个比例是100%；在这个阶段之后，百分比会下降，因为只有基于特定的理由（如挽救孕妇的生命或保护孕妇的健康），堕胎才是合法的。胎龄接近九个月时，这个百分比急剧下降。临盆时，这个百分比接近0%。一个极端的例子是，女性不能在分娩前一小时决定打掉胎儿。

各州有大量与堕胎相关的法律，其中不少是过去几年通过的。截至2019年10月，性别选择性堕胎在九个州是非法的。两个州（密苏里州和北达科他州）禁止打掉染色体异常的胎儿，两个州（亚利桑那州和密苏里州）禁止基于种族的选择性堕胎。[20]

胎儿享有的法律权利越多，胎儿在法律上的相对价值就越大。希望赋予胎儿权利的人发现，各州针对重罪的法律是一个切入点。区分严重攻击罪和一般攻击罪的要素包括武器的使用、受害者的身份、犯罪者的意图和造成的伤害程度。[21] 一些州已经颁布法律，当受害者是孕妇时，会对犯罪行为加重处罚。这些法律被称为"杀害胎儿法"。三十八个州有这样的法律，不过条文和意图有很大不同。[22] 在加利福尼亚州，谋杀被定义为"非法杀害人类或胎儿的有预谋的恶意行为"。[23] 在罗得岛州，伤害孕妇而故意杀害可存活胎儿的行为属于过失杀人。[24] 一些人将此类加重处罚理解为，这些州承认了胎儿的生存权利。这一点仍有争议，州法律和联邦法律在这个问题上的立场不同。对"罗诉韦德案"的法律挑战在各级法院不断上演，最高法院关于堕胎权受宪法保护的判决可能随时因一两票的变化而被推翻，"韦伯斯特诉生殖健康服务中心案"（1989年）便险些推翻这一点。[25]

随着科学的不断进步，怀孕时间更短、体重更轻的胎儿也可能存活。如果科学达到了这样的程度，即精子和卵子可以在体外结合、受精，胚胎在人工子宫中发育到可存活阶段，那么胎儿就不再有从不能存活到可存活的转变。如果怀孕不再需要女性的子宫，那么胎儿不是一直可存活吗？人工子宫会使人很难主张胎儿在任何阶段都没有权利。如果有朝一日女性的子宫对于胎儿的发育来说可有可无，那么关于在女性对自己的身体的控制与社会规范和规则之间做取舍的辩论是否也会随之消失？法律可能要求女性违背自己的意愿，在自己体内孕育生命，人工子宫能否消除这种情况？如果在体外受精九个月后，一个健康的婴儿可以从人工子宫中生出，那么这个胎儿究竟何时成为人呢？人类的生命究竟从何时开始？

目前尚不清楚，技术是否能发展到这一步。但如果人工子宫成为一种选择，那么人们就需要从根本上重新思考人的定义。本书无意回答这些重要的哲学问题，但在这个医疗技术飞速发展的时代，提出这些问题供人们思考是至关重要的。

残疾选择性堕胎

针对残疾（如唐氏综合征、无脑症或泰－萨克斯病）的选择性堕胎，允许父母在时间和金钱的预期价值与抚养先天性畸形儿童的挑战和成本间做取舍。这是一个受宗教、伦理、个人价值观和经济影响的情感决定。父母通常在怀孕的第一个和第二个三月期能够拿到健康检查的结果。

同样地，父母们一般不会用电子表格来分析未来几十年的预期财务现金流，以决定是足月分娩先天性畸形的胎儿，还是打掉胎儿，尝试再次怀孕。不过，许多准父母在决定打掉／养育先天性畸形的胎儿时，确实考虑了经济因素。准父母可能会估算，需要为一个先天性畸形儿童的治疗和教育多花多少钱。就预期收入而言，这些准父母可能会估算，先天性畸形的成年子女的平均收入可能低于一般的成年子女，因此未来提供的帮助也较少。单从财务角度考虑，一些父母可能认为，先天性畸形胎儿的净现值或价格标签比正常胎儿低。

先天性畸形胎儿经常被打掉，这或许能够证明他们的价格标签确实更低。在美国，患有唐氏综合征的胎儿大多会被打掉，比例明显高于正常胎儿。[26] 许多人认为女性有权利做出这样的选择，而另一些人则认为基于残疾的选择性堕胎是不道德的。

一些人担心，基于残疾的选择性堕胎为基于其他遗传因素的选择性堕胎打开了大门。不难想象，未来某一天，每个胎儿都会有详细的基因图谱，人们可以据此预测新生儿头发的颜色、寿命和身高。通过更详细的分析，人们还可以预测得上某种疾病（如癌症和心血管疾病）的概率，甚至可以预测新生儿的智力。父母根据大量的遗传因素评估胎儿的生命价值，并选出他们眼中价值最大的胎儿。一些生育诊所已经提供这类服务的变种，准妈妈可以选择具有某些特征的精子捐赠者。虽然担忧所谓的"设计婴儿"为时尚早，但只接受诺贝尔科学奖得主和其他科学家捐献精子的"生殖选择库"已经培育了两百多个孩子。[27] 与此同时，像常间回文重复序列丛集（CRISPR）这样的技术，使科学家可以在胚胎阶段改变核苷酸，插入或删除整个基因，从而永久性地改变生殖细胞系，并有可能避免镰状细胞贫血、囊性纤维化等疾病。[28] 每当父母试图根据基因测试结果来选择他们眼中更完美的孩子时，人们就会针对堕胎权、隐私权和优生学展开辩论。

在一个没有禁忌的新世界里，孕前和孕后检查将不仅仅针对性别。任何与基因相关的东西都可能成为检查对象。随着技术的发展，伦理问题随之而来。我们应该谨慎地探索和讨论，以确保科学不会超出伦理和道德太远。

性别选择性堕胎

提到性别选择，人们往往会想到亚洲国家。但性别选择并不只存在于亚洲国家，而是普遍存在于亚洲、欧洲、美国的部分地区。在这些地区，一些准父母倾向于选择男孩，而不是女孩。

性别选择性堕胎的主要原因是重男轻女的传统，当生育率下降时，这种现象尤为突出。[29] 重男轻女意味着，父母认为生儿子的价值更大。造成这种现象的原因有许多。绝大多数社会在历史上都是由男性主导的，财产权、继承法和嫁妆制度（女性出嫁时，女方家庭要给男方家庭陪嫁礼物）都是确保男性主导地位的手段。在东亚文化中，儒家男尊女卑的观念明确地将女性置于从属地位。[30] 有儿子，父母才能确保家庭财富不被国家没收或被其他家庭继承。长子继承权指财产由长子继承的制度。在圣经中，饥饿的以扫为了一顿饭，将自己的长子继承权转给了孪生兄弟雅各。

不管用什么方法评估生命价值，一个共同点是，如果一条生命的价值低于另一条，那么价值较低的生命得到的保护便较少。在重男轻女的社会，女孩的生命价值较低，因此比男孩得到的保护更少。在这些地区，价值既可以指非货币因素，也可以指货币表示的价格标签。在本章中，我们将更多地关注后者。

重男轻女的表现有哪些？人们没有统一的答案。在许多文化中（某些文化现在仍然如此），生男孩比生女孩在经济上更有利。在一些传统上男性占主导地位的文化中，人们期望女孩早早结婚，不再接受教育。结婚可能需要嫁妆，这意味着年轻女孩出嫁时，她的父母必须送给丈夫金钱和财产。女孩往往被要求搬到丈夫家，承担抚养孩子、照顾公婆的责任。从父母的角度来看，在这种类型的社会中，儿子的净现值显然远大于女儿。简而言之，在一些文化中（有些现在仍然如此），对于父母来说，生女儿的财务回报不如生儿子。准父母不会用电子表格计算生儿子和生女儿的净现值，然后对比两种情况的预期财务价值。但事实是，在某些文化中（有些现在依然如此），从父母的角度来看，生儿子和生女儿的财务回报确实不同。

重男轻女已经存在了几千年。过去几十年出现了一个新情况——生育率逐步下降，家庭规模大幅缩小。中国和印度的总和生育率在20世纪50年代超过5（平均每名女性生五个孩子），但中国的总和生育率在20世纪70年代下降到3以下。印度的生育率在十多年里一直低于中国。如今，中国的总和生育率约为1.6，而印度的总和生育率约为2.3。[31] 如果一个家庭有五六个孩子，那么其中至少一个是儿子。随着家庭规模的缩小，情况发生了改变。如果一个家庭只有一两个孩子，那么他们很可能不会有儿子，除非他们想办法改变概率。

性别选择性堕胎存在的地方，就会出现"消失的女孩"的现象，即实际出生的女孩数量低于预期（在没有杀女婴或性别选择性堕胎的情况下出生女孩的数量）。[32] 我们可以在历史上看到新生儿和小女孩被选择性杀害的现象，但这并不仅仅发生在过去。[33] 造成"消失的女孩"的现象的主因是性别选择性堕胎，而不是杀女婴。父母通过超声检查来识别胎儿的性别，然后再决定是否堕胎。在印度，大约87%的"消失的女孩"是由于产前选择，13%是由于所谓的"产后选择"（如杀婴或忽略对新生女婴的照顾）。[34]

通过人口构成，我们很容易确定是否存在产前性别选择。正常情况下，如果没有性别选择，每一百个女婴对应大约一百零五个男婴。如果存在性别选择，男婴与女婴的比率会大幅上升。

出生性别比最极端的国家是一些亚洲国家和东欧国家，不过性别选择并不仅仅存在于这些国家。[35]2017年，四个国家的出生性别比为每一百个女婴对应一百一十个甚至更多男婴。[36]到2030年，预计中国将有四千多万青壮年育龄超额男性（15岁至49岁），印度将有三千多万。以印度为例，该国不同地区的出生性别比相差很大。印度北部旁遮普省的出生性别比为一百个女婴对至少一百二十个男婴，而其他一些地区的出生性别比是正常的。[37]

与其他医疗技术一样，最先应用性别选择技术的是精英阶层，因为他们最容易接触最新技术，而且经济实力最强。在韩国，性别选择性堕胎始于首尔。在阿塞拜疆，始于首都巴库。在印度，相较于没有高中文凭的父母，如果父母高中毕业，他们的新生儿中男婴的比例更高。富裕的城市居民最先使用超声波技术，因此在存在性别选择性堕胎的国家，由于女胎被选择性地打掉，人们最先看到男婴在新生儿中比例上升。随着时间的推移，贫困地区和农村人口也开始使用超声检查，性别选择性堕胎也跟着扩散。[38]

在许多国家，出生胎次（女性已经分娩的孩子数量）是预测出生性别比的指标之一。在重男轻女的地区，每生完一个孩子，父母都会感到更大的生育压力。生完一两个女孩后，受重男轻女思想影响的父母会感到更大的生儿子的压力。在亚美尼亚，第一个孩子和第二个孩子当中，男孩和女孩的比例是正常的。但在第三个及以后的孩子中，男孩和女孩的比率飙升到 150∶100。[39] 越南等国也有类似的变化趋势，这些国家的男孩和女孩的比例也会随胎次的增加而上升。[40] 性别选择性堕胎的现象在美国也很明显。在美国出生的亚裔父母的孩子中，如果第一个或前两个孩子是女孩，那么第二个和第三个孩子中，男孩和女孩的比率就会上升。[41] 这些比率与所谓的"性别终止"（这个概念将在下一节解释）有关，可能也与亚裔美国人的堕胎率是白人的两倍以上有关。[42]

存在着性别选择的国家也可以消除这一现象。20世纪90年代初，韩国的性别选择现象非常严重。但到2007年，出生性别比又回到了正常范围。[43] 这是由于重男轻女思想逐渐减轻，同时政府加强了对超声检查的监管。[44]

减轻重男轻女思想有助于消除性别选择，但法律威胁并不总是有效的。在印度等国，法律严格禁止性别选择，相应的惩罚也非常严厉，但政府缺乏有效的执行手段。[45] 堕胎在印度等国是合法的。虽然法律禁止性别选择，但针对女胎的选择性堕胎仍然猖獗。如上文所述，截至2019年10月，针对胎儿性别的选择性堕胎在美国九个州是非法的。[46]

软性性别选择

在使用超声检查之前，人们使用软性和硬性的性别选择方法。硬性性别选择包括杀死新生儿或不照顾新生儿等残忍的做法。软性性别选择是不停生孩子，直到得到一直想要的男孩或女孩。这就是所谓的"性别终止"，因为孩子的数量和性别一旦达到预期，父母便开始采取节育措施。在许多国家，有两个女孩的夫妇比有一个男孩和一个女孩的夫妇更可能尝试继续生育。[47]

在重男轻女的社会里，"性别终止"意味着最后一个孩子的男女出生性别比远大于 1。例如，在印度，男女出生性别比约为一百一十个男孩对一百个女孩，但最后一胎的男女出生性别比却接近一百五十个男孩对一百个女孩。[48]

溢出效应

性别选择、重男轻女及相伴而生的对男孩生命价值的高估，产生的影响是深远的。在男女比例失衡的国家，大量男性找不到配偶，进而造成社会问题（如犯罪率上升和可能的政治动荡）。印度的高官已经对性别不平衡可能导致的政治动荡表示担忧。[49]

配偶不足可能会导致性交易增加。包办婚姻也可能死灰复燃，因为家庭试图用女儿赚钱。跨境婚姻（单身男性过多的国家的男性到邻国寻找新娘）将会增加，这意味着一个国家的性别不平衡会影响邻国。一个国家的男女比例失衡，可能会成为区域性问题。越南就是一个例子。[50]因为竞争者不仅有本国人，还有外国人，越南男性约会和婚姻的选择会变得更少。男女比例失衡最终会导致女孩的相对价值提高，但重男轻女的文化传统可能会在某些群体中长存。

未来会怎样

超声检查和选择性堕胎的结合，使性别选择不再是个人行为，而是变得更加医学化。性别选择技术还在进步。如今，我们已经可以将携带Y基因（产生男胎）的精子和携带X基因（产生女胎）的精子分离出来，不过这个过程并不是百分之百精确的。通过精子分离术，父母可以选择在人工受精中使用携带X基因的精子或是携带Y基因的精子。另一项技术是胚胎植入前诊断，即在植入前，根据想要的性别和其他一百多种遗传情况，对受精胚胎做筛选。

精子分离术和胚胎植入前诊断目前费用高昂，只有少数国家的富裕人群负担得起，这很像几十年前的超声检查。不过随着时间的推移，它们可能会越来越便宜，越来越流行。与此同时，生育旅游的目的地可能变成美国，那里的一些生育诊所能够提供这些服务。

对于父母和性别选择的支持者来说，这些服务的优势在于不会引发针对性别选择性堕胎的讨论，因为胎儿的性别是在植入前决定的。尽管如此，这些方法仍然能够让父母比较生男孩和生女孩的相对价值，然后做出取舍。

性别选择的未来

由于性别选择的预期现金流发生了改变，出生性别比将逐渐回归正常。在大多数国家，女性已经拥有与男性几乎相同的财产和继承权。不断增加的教育机会，使女性能够在生活中拥有更多的经济机会和更多的选择。在许多国家，女孩接受小学和中学教育的比例已经接近男孩。[51] 女性受教育率的提高同结婚率下降和晚婚有关。在全球范围内提高女性的教育水平，增加了女性的经济实力和权力。女性境遇的改善与较低的生育率有关，因为女性平均受教育时间和孩子总数之间存在着很强的负相关关系。[52]

比之男性，女性经常照顾老人的概率往往更高。随着女性经济机会的增加、老龄化社会需要更多的护工，重男轻女的现象应该会减轻。越来越多的女性在各国扮演起重要的政治角色，这将使父母明白生女孩可能带来的收益。在目前存在着性别选择的人群中，我们有理由期待，随着妇女在政治和社会领域的权力越来越大、受教育程度越来越高、收入越来越高，生男孩在经济上的优势将逐步减弱。虽然一些人仍会坚持嫁妆制度、儒家男尊女卑的观念和其他形式的重男轻女，但这些人在国家总人口中的比例可能会逐渐降低。

一个人选择生男孩，可能无关紧要。但是如果数以百万计的人做出相同的选择，那会是一场集体灾难。这是另一个"公地悲剧"的例子，即每个人都在做符合自己利益的事，最终会让社会蒙受损失。

这让人想起应该如何在个人权利和集体利益之间做取舍的古老辩论。作为社会的一员，个人需要为社会做出多大的牺牲？这个辩论可能会永远存在，但这个主题远远超出本书的讨论范围。

就我们的主题而言，关键是不仅要了解影响珍妮做出生育决策的因素，还要了解影响每天数十万人做出生育决策的因素及这些生育决策的部分后果。[53]

第九章
失灵的计算器

　　1987 年 10 月，十八个月大的杰茜卡·麦克卢尔掉进了得克萨斯州姑姑家后院的一口井里。救援工作吸引了全国媒体的报道。人们纷纷捐款，以帮助救援杰茜卡并支付事后的医疗费。杰茜卡只花了捐款的一小部分，剩下的钱被存入信托基金，价值近 100 万美元，"宝宝"杰茜卡在 25 岁生日当天得到了这笔钱。她现在 30 多岁，已婚，有两个孩子。同样在 1987 年，估计有一千三百万 5 岁以下的儿童死亡，其中许多死亡是可避免的。[1] 和杰茜卡不同，这上千万儿童几乎没有得到媒体的关注，也没有多少人为救助他们捐款。

　　杰茜卡是可识别的生命，如果得不到救援，必然会死。她是一个具体的人，有名字，有家庭，身陷险境。她的危险处境，连同她的照片，通过电视屏幕呈现在公众面前。观众很容易想象，如果杰茜卡获救，她的生活会怎样；如果她遇难，她的家人必然受丧女之痛的折磨。观众为拯救杰茜卡宝宝捐款，因为他们有一个高尚的目标——帮助挽救这个可识别的生命，一个可以随时唤起他们共鸣的生命。

相比之下，人们对全球数以百万计的死亡儿童知之甚少，其中许多死亡本来是可以避免的。媒体不会长篇累牍地报道每个孩子的生活经历、家庭、梦想和遭遇的痛苦。不仅如此，即便我们想帮忙，也不知道应该先帮谁。这数以百万计的生命一起变成了统计数字，我们可以根据这些数据讨论死亡概率和预期总死亡人数。这些数字出现在科学杂志上，被学术界和发展组织分析，并在国际会议上得到讨论。假设为拯救杰茜卡宝宝的捐款（和信托基金），转而用于为发展中国家的孩子接种疫苗或改善他们的饮用水供应，我们可以计算并比较两种情况的结果。杰茜卡是一个身份可识别的孩子，如果不被拯救，一定会遇难。如果相同数额的捐款（和信托基金）被用于接种疫苗或改善饮用水供应，那么许多儿童可能会得救，但人们不会去核实这些儿童的身份，公众也无从知晓。

媒体的关注和随后募集的资金，都是为了消除杰茜卡宝宝面临的死亡威胁，而不是一系列不知道名字的孩子面对的风险。如果没有救援，她必死无疑，这样的确定性也是引发公众反应的一个因素，因为人类往往更重视确定的结果而不是不确定的结果，这种现象被称为"确定性效应"。[2]

公众对杰茜卡宝宝和同年死亡的数百万儿童的不同反应，是可识别受害者效应的一个例子，本书将这种现象称为"识别偏差"。人们往往更关注某人或某几个人遭遇的危险，而漠视一大群人面对的风险。[3]或者借用特蕾莎修女的话，"如果我看到的是大众，我什么都不会做；如果我看到的是一个人，我会"[4]。[5]

在讨论评估统计生命价值时，经济学家会强调，这些不是具体的生命，估算结果对你认识的人（同事、朋友、父母等）没有任何意义。同样地，在给健康标价时，如果涉及个人，讨论就无法继续下去。虽然卫生经济学家可以算出一种新抗癌药的治愈率，以便从成本效益的角度证明使用这种药是否合理，但卫生经济学家的分析与你会花多少钱来保护你自己或你爱的人的健康无关。

识别偏差是影响我们评估生命价值的更大的偏见之一。无数例子表明，从统计数字到具体的生命，我们对生命的标价大幅上升，会促使我们采取一些在其他情况下可能不会采取的行动。2010年，由于矿井塌方，三十三名智利矿工被困在地下700米处，这件事吸引了全世界的目光。通过一项耗资约2 000万美元的救援行动，被困在地下两个多月的所有矿工全部成功获救。在这些矿工获救的一瞬间，电视和互联网将这个消息传播给全世界数百万人。救援费用由这些矿工所属的矿业公司、智利政府和个人捐助者承担。但是，在这些矿工被困在地下的六十九天里，世界各地有数百名甚至数千名矿工在工作中死亡。[6] 美国人对其中绝大多数人的死亡一无所知，因为他们几乎没有被报道，他们的个人故事没有被分享，挽救他们的生命所需的资金可能远低于为挽救三十三名智利人花费的资金。

截至 2019 年 10 月，叙利亚内战已经导致该国一半以上的人死于非命或流离失所。[7] 现在有五百多万叙利亚难民在土耳其、黎巴嫩、伊拉克、埃及和约旦等邻国。虽然这场人道主义危机非常严重，并且被广泛报道，但提及"叙利亚难民"，许多美国人只能想到一幅画面——3 岁的艾兰·库尔迪溺水身亡，脸朝下趴在土耳其海滩上的照片。[8] 这张照片引起了美国人对叙利亚内战和叙利亚难民危机的极大关注，因为它用个体来表现悲剧，在统计数据中加入了一个具体的人的故事。

筹款组织很清楚识别偏差。告诉人们捐款可以挽救多少生命，实际效果有限。展示一张饥饿或哭泣的孩子的照片，号召人们帮助这个孩子，甚至让捐赠者直接与他们要救助的孩子对话，这些往往比仅仅列举事实和数据有用得多。[9]

同情心

识别偏差是影响生命价值的一个因素。识别偏差会影响同情心，即我们理解和关心他人感受的能力。同情心会影响我们的预设观念，也会影响我们对生命价值的评估。正如保罗·布鲁姆在《摆脱共情》一书讨论的，同情心有时会使我们更公平地给生命标价，有时则使我们更不公平地评估生命价值。[10] 同情心不是静态值，而是会随我们的身体、精神、经济状况、情绪、近来的经历，以及关系的变化而变化。

同情心是正常人类行为的基础，是构建我们的社会的基石，使其得以运行，使物种得以生存。同情心在家庭中是自然的和必要的。由于婴儿没有能力照顾自己，对新生儿的同情从生理上讲是必要的。如果没有照顾后代的兴趣或意愿，我们这个物种会迅速灭绝。进化取决于基因的传承。[11] 同情的对象从我们的子女延伸到我们的大家族，继而扩展到更大的群体（如部落）和那些没有直接关系但具有相似的文化、民族、宗教、国籍、爱好等特征（我们用来给人类分类）的人。同情心可能与年龄有很大关系，我们可能更关心特别年长、特别年幼或与我们同龄的人的感受。[12]

我们对某人的同情心越强，给他们生命的标价就越高。这可能表现为我们愿意花时间让他们过得更好，我们关心他们的生命，或者在涉及金钱时，我们给这个人的生命贴上的价格标签更高。

同情心的反面是冷漠和漠不关心。冷漠的后果是，与我们距离较远的人的生命价值相对而言往往被低估。这可能包括与我们没有共同的基因、交往、文化、种族、宗教、国籍、特殊爱好等特征的人。

公民身份是最强大的认同形式之一，会极大影响我们对某人生命价值的评估。在和平时期，人们更关注拥有相同的公民身份的人的生命，来自其他国家的人的生命价值往往被低估，有时甚至得不到保护。想想第四章讨论的靠近美国、加拿大边境的虚构的燃煤发电厂ACME。当加拿大人的生命没有被纳入成本效益分析时，人们会面临更大的风险。

在战争时期，评估生命价值的因素发生了根本性改变。在战争中，士兵杀死敌国的人不再是犯罪。这是一种正当的杀人行为，在人们看来是道德的，甚至会被士兵所在国家的人视为荣誉。民族、国家或团体间的武装冲突，会使人们大幅调低敌人的生命价值。战争的目标是打败敌人，杀死敌方士兵不仅在道德和社会层面是可以接受的，而且往往值得被授予勋章或得到公开表彰。敌人往往被非人化，其构成的威胁被夸大，甚至无中生有，以证明战争及随之而来的杀戮是合理的。非人化正是为了减少我们对敌人的同情——他们越不被视为同类，当我们的士兵杀死他们时，我们越不会感到内疚。美国人的牺牲会被悼念，没有人会提出异议，而敌国公民（更不用说敌国士兵）的死基本上会被美国媒体和公众忽视。

很少有人质疑，自卫杀人在道德上是可以站得住脚的。正当杀人指在生命面对迫在眉睫的威胁时杀人。除了自卫，为防止无辜者遭受更大的伤害而杀人也是正当的。自古以来，政治家一直用自卫来为战争辩护，这使剥夺他人的生命在道德上、社会上和法律上变得可以接受。这样的例子在美国历史上屡见不鲜。美国之所以经常被称为"不情愿的战士"，是因为我们将几乎所有战争都描述为旨在自卫或保护人权而不得不为。

有效的宣传可以迅速煽动民众的民族主义热情，使其进入嗜血的癫狂状态。这种宣传将敌人非人化，并不忘告诉民众，国家需要自卫。美国人以"勿忘阿拉莫"为战斗口号，号召民众支持美墨战争（1846—1848年），但对被杀的墨西哥人漠不关心。美国人的理由是，美国和墨西哥士兵在格兰德河两岸发生小规模冲突后，这场战争是为了自卫，是必要的。墨西哥人对这些事的看法非常不同。他们更关注格兰德河以北地区的历史及美国对其领土的蚕食。

半个世纪后，报纸以"记住'缅因'号"的口号，煽动美国人支持美西战争（1898年）。"缅因"号在哈瓦那港爆炸后沉没，虽然爆炸原因不明，但在报纸和公众看来，美国要为死去的数百名水手报仇。大约两个月后，美国与西班牙的战争爆发了。

第二次世界大战期间，美国通过宣传将日本人非人化，把他们说成是残忍的野蛮人。同时，这种宣传旨在向美国人灌输恐惧，向他们传达敌人非常强大，不能听之任之的信息。这种把日本人说成是威胁美国生存的"低于人类的人"的修辞，不仅为消灭日本士兵提供了道义理由，也使美国轰炸东京和在广岛、长崎投掷原子弹变得合理。[13]

在战争中杀死敌方士兵是可预期的，被看成为保卫美国而战的士兵的一项职责。从美国人的角度看，敌方士兵的生命价值在战时为零，甚至可能是负值，因为消灭这样的生命可以使美国离胜利更近。对敌方平民而不是士兵的杀戮，说明了在战争中，人的生命价值降低了。如今，在许多美国人眼里，第二次世界大战是一场正义的战争，我们最伟大的一代为世界而战。[14]战争的正当性不仅建立在日本偷袭珍珠港之上，也建立在侵略者的暴行之上。

纳粹的宣传机器在将犹太人描述为对德国的威胁的同时，还将他们非人化。雅利安人被视为优于其他人类的人，而犹太人被视为低于其他人类的人，这导致了大屠杀。除了虐待被关进集中营里的人，德国人和日本人还强迫战俘劳动，许多战俘最后被饿死。德军动辄轰炸平民区，而盟军也对这种行为做出了回应。在著名的德累斯顿大轰炸中，数以万计的德国平民丧命。[15] 日本对中国的侵略远远超出了军事交战的范畴，还包括对平民的攻击。例如南京大屠杀，这是一场令人发指的屠杀，数十万平民被杀，而日本人至今仍然不承认。[16]

美国在战争中的牺牲值得被称赞，牺牲的大约四十二万名美国士兵受到了国家的表彰。然而，美国的历史书很少提及美国的盟友遭受的更严重的伤亡——苏联损失了大约一千万士兵和一千四百万公民，中国大约损失了三百万到四百万士兵。[17]在战争中死亡的数百万德日士兵和平民也很少受到美国媒体和公众的关注，因为敌人的生命价值更低。

经历第二次世界大战令人难以置信的暴行和破坏后，人们认为审判战犯、制定战争法是必要的。1945年开始的纽伦堡审判的目的是惩罚纳粹战犯。军事法庭要求明确定义构成战争罪的行为和在战争时期可以接受的行为。纽伦堡原则确定了战争罪、反人类罪和反和平罪（如发动侵略战争）的定义。虽然原则是明确的，但虚伪也显而易见。1945年东京大轰炸的指挥官、空军将军柯蒂斯·李梅的评论一针见血。他说："我想，如果我输了战争，我会被当作战犯来审判。幸运的是，我们是胜利的一方。"[18]

仅仅过了几十年，1964年8月7日，美国国会通过了《东京湾决议案》，以回应那一周发生在北部湾的涉及越南民主共和国（也被称为"北越"）海军和美国海军的事件。双方的舰艇在 8 月 2 日交火，但决议案的依据是北越在 8 月 4 日再次攻击了美国舰艇。所谓的第二次攻击后来被证明是美国人捏造的。该决议案使冲突升级。出于自卫心理和对共产主义在该地区蔓延的恐惧，国会和美国人民对战争的升级心安理得。截至越南战争结束时，近六万名美国士兵丧生。直到今天，人们还在寻找失踪人员和战俘。位于华盛顿特区的庄严的纪念碑述说着国家的悲痛，但在这场战争中丧生的一百多万名越南人则鲜有人提及。[19] 这些越南人的生命价值远不及美国士兵。

海湾战争（1990—1991 年）的前奏是一场大规模宣传，目的是让人们相信萨达姆·侯赛因和他的军队构成了生存威胁，只有美国的军事力量才能遏制。伊拉克"百万大军"的报道旨在激起美国人民的恐惧，使其支持向海湾地区派遣五十多万士兵。[20] 老布什总统将伊拉克领导人比作希特勒和撒旦。妖魔化敌人和谎称伊拉克威胁到美国的存在，使公众支持即将发生的对伊拉克人的杀戮，不理会美国人的死亡。许多美国人担心美国士兵在这场冲突中受到伤害，但实际的地面战斗在几天内就结束了，因为伊拉克军队实力不足。如今，美国人通常认为这是一场正义的战争，在这场战争中，美国集结了一个国际联盟，捍卫了科威特人的人权，并击败了残暴的独裁者萨达姆·侯赛因。美国公众仍然记得在战争中丧生的几百名美国人，但很少有人关注在冲突中丧生的数万名伊拉克人，其中许多是平民。

2003年，在小布什总统入侵伊拉克之前，自卫论再次被抛了出来。政府最初试图将伊拉克人与"9·11"恐怖袭击联系起来，这会使入侵伊拉克的理由更加充分。当这个企图失败后，他们转而宣称伊拉克拥有大规模杀伤性武器，对美国构成迫在眉睫的生存威胁。这项指控为小布什的先发制人论提供了依据。科林·鲍威尔将军在联合国会场发表演讲（这场演讲现在已经臭名昭著），大肆鼓吹美国即将发动的对伊拉克的攻击是正当的，不是侵略。伊拉克没有意图，也没有能力用大规模杀伤性武器攻击美国，这个事实在当时的许多人看来是显而易见的，在今天更加如此。然而，当时美国人受民族主义狂热左右。入侵伊拉克和随后的占领导致近五千名美国士兵丧生，数万名美国人受伤，并造成数万亿美元的损失。[21] 伊拉克遭受的损失更大。从2003年到2011年，大约五十万人死于战争和占领期间，其中许多是平民。[22] 美国媒体很少提及伊拉克人的伤亡，这反映出美国人对伊拉克人的生命估值低于丧生的美国人。

如今，无人机袭击成为美国军队常见的杀人方式。从美国的角度看，无人机袭击的好处是美国人不会有生命危险。从被袭击的国家的角度看，这是对其领土的非法入侵。对于无人机在美国国土以外杀害美国人和非美国人，一些人质疑，我们的政府是否有权在没有经过正当程序的情况下暗杀自己的公民。[23] 还有一些人认为，无人机袭击虽然是合法的，但不能在美国本土针对美国公民发动。很少有政治家质疑美国暗杀外国人是否合法，是否违反国际法。没有人针对这些展开政治辩论，这表明在美国人眼里，外国人的生命价值不如美国人，不值得保护。此外，许多在无人机袭击中丧生的人是无辜的旁观者，但很少有政治家对此表示担忧[24]。[25] 政治分析家认为，在美国宣称的自卫目标中，这些无辜的旁观者是附带损害。

这种民族主义观点和对杀害外国平民的漠不关心，是由美国的信心支撑的：它相信自身是世界最强军事力量。试想，如果外国无人机在美国国土发射导弹，杀死和平的美国平民，那么这个国家很快就会体验美国强大的军事力量。[26]

很少有人会反对这样的观点，即政府有更大的义务来支持本国国民，而不是外国国民。这不仅体现了国家的自我认同，也反映了现金流。公民缴纳税金，自然期望这笔钱大部分会花在他们身上。国家宪法经常明确提及本国公民的权利，但不会讨论外国人的权利。如果一个国家试图为全球公民提供服务和保护，而不考虑他们的国籍或居住地，那么这个国家在财政上必定难以为继。对于政府的生存而言，关注本国公民是必要的。

我们还可以研究各国如何交换囚犯，以此观察民族主义如何影响不同国家的公民生命的相对价值。如果所有国家为囚犯的生命赋予相同的价值，那么人们理应看到平等的囚犯交换。现实是，囚犯交换很少是平等的，而是反映了囚犯的相对价值和政治氛围。想想用五名被关押在关塔那摩的塔利班囚犯换回美国陆军中士鲍·伯格达尔的例子。[27] 回到美国后不久，伯格达尔中士就被指控为逃兵，这使许多人开始关注美国政府为什么要做这个五换一的交易。[28] 不过，相较于以色列政府为换回他们的士兵吉拉德·沙利特而做的交易，关于伯格达尔的交易实属小巫见大巫。沙利特在一次越境袭击中遭巴勒斯坦人俘虏，被囚禁五年。由于救援团体和活动家的努力，沙利特一直是以色列公众和全球媒体关注的焦点。作为释放沙利特的交换条件，以色列政府释放了一千零二十七名囚犯，其中近三百人因策划或实施恐怖袭击而被判处无期徒刑。[29] 一些人将这么大的不对等视为巴勒斯坦人的谈判胜利，另一些人则认为这是以色列政府必要的政治行动。从生命价值的角度看，我们可以得出一个非常不同的结论——以色列政府为沙利特的生命赋予的价值远高于那些犯人。

共同的美国人身份使我们建立起了联系，这不限于战争时期。这种联系是通过法律、社交和我们一生中收到的信息建立起来的。我们的学校、我们的媒体和我们背诵效忠誓词、唱国歌之类的行为加强了这种联系。民族主义情感导致的结果是，我们通常更关心美国人的生命，而不是其他国家公民的生命。

这些感情有时是由恐惧引发的。想想 2014 年的埃博拉疫情。疫情在 2014 年第一季度暴发，到 2014 年 8 月底，已有一千多人丧生。[30] 截至疫情最终被控制时，一万一千多人死亡，大部分生活在几内亚、塞拉利昂和利比里亚。[31] 美国治疗的第一个埃博拉病例出现在 2014 年 8 月，当时肯特·兰特利博士从利比里亚被飞机送回美国，他在那里染上了这种疾病。次月，美国发现了本土的第一个埃博拉病例。美国政府直到 2014 年 9 月病毒袭击本土时才加强了对致命疫情的处置，承诺投入人力并提供其他援助。从确认埃博拉疫情到美国政府采取重大行动之间的时间差是可以理解的。埃博拉疫情没有登上新闻的头版，没有引起太多美国人的关注，直到人们普遍担心疫情可能在美国国内蔓延。[32] 此外，美国人更容易对兰特利博士和其他美国人的困境感同身受，而不是另一块大陆上发生的危机，很少有美国人到这些国家旅游。[33]

这是可以理解的，毕竟照顾全世界人的健康不是美国政府的责任。尽管如此，当国内出现首批埃博拉病例后，政府和公众对埃博拉危机的反应发生了惊人的变化。这表明影响我们行为的往往是我们对失去生命的恐惧和我们对邻居的同情，而不是利他主义。

其他团体

除了民族主义，同情心同样适用于其他团体。宗教就是一个例子。从古至今，许多战争是由信仰不同引发的。这些战争可能使不同的宗教相互敌视。十字军东征和苏丹、尼日利亚的内战都是不同宗教之间的战争的例子。同一宗教团体的不同教派之间同样会爆发战争，如天主教徒与新教徒的三十年战争、什叶派和逊尼派的武装冲突。

不同宗教之间的战争是同情心不对等的一个极端例子，拥有相同信仰的人的生命价值被大幅高估，而拥有不同信仰的人（被视为"敌人"）的生命价值被低估，或被认为是零或负值。宗教可以指导人们的行为和道德，但也会成为冲突的导火索。宗教战争与圣雄甘地的这句话形成鲜明对照——"我愿意为许多事业献身，但不愿意为任何事业杀人"。

种族同样可以影响人们的同情心和对生命价值的评估。种族主义普遍存在，但问题在于，我们常常预想别人是种族主义者，很少有人真的承认自己是种族主义者。鲜有美国人公开表示他们认为自己的种族更加优秀，或者他们更关心和信任自己种族的人。如果被要求担任陪审员，大多数美国人会坚称，他们有能力判断案件的是非曲直，不会受被告和受害者的种族影响。虽然我们认为自己对所有种族一视同仁，但正如第三章讨论过的，种族在刑事案件和民事案件中都是一个影响因素。在罪名相似的情况下，黑人比白人更可能受到严厉的刑事处罚。对于诸如交通事故致死这样的罪行，如果受害者是黑人，司机受到的处罚通常会比较轻。

个人经历

同情心往往与个人经历有关。如果你到过某个国家，或者认识那个地区或文化背景的朋友，那么你就更可能同情那个国家的人。个人经历对同情心的影响很大。更宽泛地说，熟悉往往会产生欣赏、理解、尊重和同情。

2015年11月，法国巴黎发生恐怖袭击，造成一百三十人丧生，这让美国人感到震惊。[34] 美国人的社交网站、新闻媒体和政治声明表达了对巴黎人的同情和声援。而就在一天前，在黎巴嫩贝鲁特发生的重大恐怖袭击（近九十人丧生），却没有引起美国媒体和公众的注意。对这两起恐怖袭击截然不同的反应，说明美国公众对巴黎恐怖袭击的关注度远超贝鲁特恐怖袭击。为什么美国人更同情法国人，而不是黎巴嫩人？部分原因可能是，与黎巴嫩相比，更多的美国人同法国有直接或间接的联系。法国是美国人访问最多的五个国家之一，而黎巴嫩则没有排进前三十。[35] 除了去过法国的美国人，更多的美国人有亲戚和朋友去过法国。除了旅行，大约一千万美国人的祖先是法国人，祖先是黎巴嫩人的美国人则要少得多。[36] 法国是一个富裕的、政治稳定的国家，从未发生过这么大规模的恐怖袭击，在第二次世界大战后也没有遭遇过入侵。黎巴嫩是一个中等收入国家，在过去数十年间经历了国内外的战争。美国人更同情巴黎恐怖袭击，这反映了我们的担心——类似的袭击很可能发生在美国。而贝鲁特恐怖袭击似乎与美国相距甚远，因此许多美国人并不觉得震惊。

美国人对亚洲两次不同的自然灾害的反应，同样可以做类似的对比。这两次自然灾害分别是 2004 年南亚和东南亚的海啸和 2008 年缅甸的强热带风暴。2004 年的海啸造成二十多万人死亡，其中印度尼西亚、斯里兰卡、印度和泰国遇难人数最多。国际社会踊跃支援，为受灾地区筹集了 140 亿美元。不到四年后，缅甸的一场强热带风暴造成近十五万人丧生。不过这次国际社会的反应要冷淡得多，承诺援助的金额比海啸后承诺的金额低得多。同情心和反应之所以减弱，部分原因在于，与受海啸影响的国家的文化相比，直接或间接体验过缅甸文化的美国人和欧洲人要少得多。[37]

想想詹姆斯·布雷迪、克里斯托弗·里夫和约翰·沃尔什的例子。对于这三个人而言，一次个人经历便足以可以改变他们的优先级和时间分配。詹姆斯·布雷迪是罗纳德·里根的白宫新闻秘书，也是一名保守的共和党人。他因《布雷迪法案》而闻名，这是20世纪90年代通过的最重要的枪支管制立法。他之所以致力于推动立法管控枪支，是因为他在里根遇刺时中枪致残。克里斯托弗·里夫因为扮演超人而出名，但在1995年，他在骑马时受伤。他用自己的名气呼吁人们关注脊椎损伤患者。例如，他主持了1996年在亚特兰大举行的残奥会，并成立了克里斯托弗·里夫和达娜·里夫基金会。1981年，约翰·沃尔什6岁的儿子亚当遭绑架和谋杀时，他在佛罗里达州经营酒店。约翰和他的妻子成立了亚当·沃尔什儿童资源中心，在他们的参与下，美国国会于1982年通过了《失踪儿童法案》，于1984年通过了《失踪儿童援助法案》，于2006年通过了《亚当·沃尔什儿童保护和安全法案》。沃尔什还担任法律节目《美国头号通缉犯》的主持人，该节目从1988年一直播出到2011年。

这些故事的重点是，每个故事都始于一个人的个人经历，要么是他濒临死亡，要么是他的亲人遇害。如果詹姆斯·布雷迪没有中枪、克里斯托弗·里夫没有瘫痪，他们便不会将自己的余生奉献给各自的事业。如果亚当·沃尔什没有在西尔斯百货商店失踪，他的父亲自然不会积极呼吁人们关注失踪儿童。

虽然个人经历和私谊影响同情心，但我们的社交圈是有限的，而且上限已经确定。不同的学者算出的社交上限虽然不同，但大多与所谓的"邓巴数字"相近。社交上限指一个人能维持一定深度社交关系的人数的大致极限。[38]一个人认识的人可能很多，通常从五百人到一千五百人不等。被视为普通朋友（包括亲戚）的人数大多在一百人到两百人之间。其中，大约五十人可能是经常见面的亲密朋友，但人们不会向他们倾诉最隐私的问题。在这五十个人中，三分之一可能算得上至交，人们会寻求他们的同情和支持。最后是一个人最依赖的五个左右的知己。这些数字不是绝对的，但它们代表了社交圈大小的趋势。

一个人大约有一百个到两百个普通朋友，这与其他社交圈（如现代狩猎采集社会中群体的平均规模和军队的连的平均人数）相似。脸书、推特和领英等社交网站使人类能够结识更多的人，我们的同情心范围可能会随之扩大。与其他文化和种族的人产生更多的直接交流，有助于人们更理解和欣赏其他人。从你的角度看，这些人的生命价值增加了，因为他们不再是与你毫无关系的陌生人，而是和你在网上聊过天，可能还和你说过话或分享过消息的人。不幸的是，同人们预想的不同，互联网尚未创造出一个地球村。像现实世界一样，互联网常常制造出信息茧房，人们只听与自己的想法相似的观点。

同情心体现在我们对危机的反应及我们如何表达支持或悔恨之上。我们的同情心往往受自食其力的文化观念及对年龄、性别和阶层的偏见的影响。人们很难同情一个看起来很健康的 20 多岁的男性乞讨者，但是会同情一个带着婴儿、面容憔悴的女性乞讨者。年幼的孩子在身体上、精神上和经济上都无法照顾自己，因此我们自然更同情他们，而不是那些我们预期能够自给自足的人。遇到危险时，人们常说的"女士、儿童优先"不仅仅是陈词滥调。"泰坦尼克"号的历史记录显示，性别和年龄是预测谁能上救生艇、谁会死的主要指标。[39]只有 20% 的男性乘客幸存，而 74% 的女性乘客和 50% 的儿童乘客活了下来。社会地位也是预测生存概率的一个主要指标。62% 的头等舱乘客幸存了下来，而标准舱和三等舱的幸存率分别是 41% 和 25%。[40]

认知错误

想象这样一个世界，在那里我们不受识别偏差或"确定性效应"的影响，我们对所有人的同情心相同，而不管他们的家族世系、国籍、宗教、民族、性别和种族。在这种情况下，我们在决策时仍然会为一些生命赋予更高的价值。这是因为，人类的大脑并不是完美的决策工具，无法客观、准确地计算概率和结果，然后利用这些信息做出理性的、以数据为导向的决定。相反，我们的大脑在分析信息时总是试图走捷径，我们会受许多认知错误的干扰，这些认知错误会使我们做出非理性的决定，从而影响我们对生命价值的评估。

由于许多带有认知错误的数据来自向非随机抽样的人群提出假设性问题的调查，我们应该谨慎看待这些调查的结论。不过，虽然调查方法有缺陷，但是我们仍然假设，人们声称的偏好与他们的实际偏好之间存在着某种对应关系。许多非调查数据（如市场交易行为）也显示，人类不是完美的风险计算者。

当涉及损失时，人类通常更倾向于冒风险。在人们看来，确定的损失比相同平均值的不确定损失要糟糕得多。想象两个场景。在一个场景中，五十个人肯定会死；在另一个场景中，50% 的概率没有人死，50% 的概率一百个人会死。更多的人会选择后者，而不是前者。如果改变说法，将死亡改为获救（在第一个场景中，五十人肯定会获救；在第二个场景中，50% 的概率没有人获救，50% 的概率一百人获救），那么结果会随之改变。在这种情况下，更多的人会选择前者。[41] 人类会受所谓的"框架效应"（对于一个本质上相同的问题，人们会根据不同的描述做出不同的判断）影响，我们的偏好会根据我们看到的是生命获救还是生命损失而改变。这个事实提醒我们，不要过度解释偏好调查的结果。此外，这让人联想到，要谨慎对待消费者估值调查，因为客户愿意支付多少钱得到某件商品，往往与他们愿意接受多少钱放弃那件商品大不相同。[42]

另一个认知错误是比例优势，即我们更看重一件事的概率，而不是结果。在一项旨在了解人们是否支持机场安全管理新法规的调查中，在一种情况下，受访者被问及，如果该法规可以挽救全部一百五十条生命（成功率不定），那么他们是否支持。在另一种情况下，受访者被告知法规只能挽救处于危险中的一百五十人中的一部分。从逻辑上讲，所有人都应该同意，挽救一百五十条生命比拯救少于一百五十条生命好。但调查结果显示，受访者得出了相反的结论——与挽救全部一百五十条生命但成功率不定相比，受访者更看重能拯救 98%、95%、90% 甚至 85% 的处于危险中的生命。[43] 对这个结果的解释是，许多人更倾向于支持一项看似成功的措施（拯救 95% 处于危险中的生命），而不是拯救更多生命但没有确定的成功率的措施。

规模迟钝也是一种认知错误。规模迟钝指在没有对比的情况下，人们对大数字不敏感。如果挽救一条生命有一个具体的价值，那么挽救两条生命在逻辑上应该有两倍的价值，而挽救十万条生命应该有 10 万倍的价值。但我们不会这么计算。对规模迟钝的解释是，人们为某件事付多少钱的意愿是基于情感的，这意味着我们会给某件事贴上一个固定的价格标签，而不管多少人会受影响。[44] 我们有时会在民事审判中看到，惩罚性赔偿的金额与违法行为的影响之间的关系并不明显相关。[45] 这是因为惩罚性赔偿可能受陪审员对案件的感情的影响更大。

还有一种认知错误是可得性偏差，这是一种心理捷径，即你会根据你能快速想出多少个例子而不是客观事实，来确定一个问题的普遍性。[46] 在许多美国人的脑海中，暴力事件呈上升趋势。这就是可得性偏差的一个例子，因为媒体会连篇累牍地报道少数几起案件。媒体为吸引读者，会将焦点放在爆炸性的故事上。这类故事往往涉及暴力，许多人由此得出错误结论：美国正沦为一个暴力泛滥、更加危险的地方。虽然新闻的焦点是谋杀、恐怖袭击和战争，但在过去几十年里，总体而言，美国已经变得更加安全。[47] 攻击、强奸、谋杀等暴力犯罪的平均发生率比几十年前低得多。第二次世界大战的巨大死亡人数没有在后来的战争中重现，社会上的暴力事件明显减少。暴力下降的历史趋势是明确的，但这与许多人的直觉相悖。虽然实际情况并不意味着这些趋势在未来一定会继续下去，但它确实让我们在面对似乎永远无法解决的国家和个人安全问题时稍稍松了口气。

电车难题

著名的电车难题有助于研究影响我们决策能力的一些因素，包括认知错误和同情偏差（处在一种状态的人，很难理解处于另一种状态时的想法或感受）。我们在这里将电车描述为失控的火车。[48] 这列失控的火车只能从一条轨道转向另一条轨道。火车正行驶的轨道上有五个人，而另一条轨道上只有一个人。在火车经过的轨道上的人会死亡。这种情况代表了在救一个人和救五个人之间的选择。不管做何选择，轨道上的人的死都与司机直接相关。如果没有关于这些人的其他信息，大多数人会说，他们宁愿以杀死一个人的代价来挽救五个人。

不过，当我们开始明确这些人的身份时，许多人的选择就会改变。一旦我们知道了轨道上的人的更多信息，同情心就会对我们的决策产生更大的影响。如果第一条轨道上的五个人都是老年人，而第二条轨道上的是孩子，人们会如何选择？如果这五个人的预期寿命之和小于这个孩子的预期寿命，那么救这五个老人比救这个孩子更合理吗？如果第一条轨道上的五个人是被定罪的凶手，而第二条轨道上的人是监狱看守，又应如何选择？

还有亲疏关系起作用的变体。如果一条轨道上的五个人是陌生人，而另一条轨道上的是朋友呢？如果这五个人是陌生人，而那一个是你的孩子呢？如果这五个人是朋友，而那一个是你的孩子呢？正如预期的那样，调查显示，如果第二条轨道上的人是亲戚或爱人，人们更可能救那个人。[49]

在战时，决定会变得更加复杂。如果一条轨道上的五个人是士兵，另一条轨道上的是平民，有人会认为应该救那个平民。这个决定背后的逻辑是，士兵理应冒生命危险，而平民则不需要。如果做选择的人也是一名士兵，并且和这五个人一样为同一个国家而战，而那个平民则是敌国的公民，那该如何选择？这个选择并不容易，不过其他选择则没有这么困难。比如，他们都是士兵，但这五个人是敌人，那个人是朋友呢？

这个假想案例的重点不是要证明，存在一些所有人都认同的基本道德原则。情况显然并非如此。重点在于，每个问题都会动摇你的道德信念，让你怀疑在匿名状态下做出的明确选择（当轨道上所有的人都匿名时，一个理性的人会选择救五个人，而不是一个人）是否正确。如果有更多的信息，这个决定就会改变。你可能会选择救那个人，因为那个人是你的孩子，但每个人都是某个人的孩子。

最后，如果轨道上的那个人是你，决定会有什么变化？

第十章
接下来是什么?

从我们出生之日起，直到死亡的那一天，我们的生命都被贴上了价格标签。哲学家可能会就应该如何评估生命价值、怎么公平地分配资源等问题提出一些精妙的概念，但这些概念每天都与充斥着价格标签的真实世界相悖。商业分析师对汽车安全做的成本效益分析、监管机构确定的水污染物的标准限值、健康保险公司做出的纳入药物的决定、陪审员对损害赔偿做出的判决，构成了这个充斥着价格标签的真实世界。如果真实世界的价格标签显示你的生命价值不高，那么你将暴露在更多的风险中，而生命价值更高的人能得到更多的保护。

无论价格标签是如何得出、由谁得出的，它们都经常影响我们的生活，而且并不总是公平的。它们影响着我们的健康、权利、安全、财务和寿命。鉴于与价格标签相关的不公平现象层出不穷，我们需要了解评估生命价值的方法及这些方法背后的价值观是如何影响我们的生活的，我们需要尽可能对抗不公，减少负面影响。

本书始于一个看似简单的问题——人命值多少钱？这个问题的复杂性在于，我们给人的生命贴价格标签的方法，说明了我们的优先级。价格标签和用来确定价格标签的方法反映了社会的价值观，并且受到经济学、伦理学、宗教、人权和法律的影响。

理想的情况是，对于如何评估一个人的生命价值，大多数人都能接受一个简单的答案。但在现实世界中，这样的答案并不存在。哲学家以赛亚·伯林说，人类有一种"深刻的、无法治愈的形而上学需求"，要寻找不存在的永恒真理。但我们需要接受的事实是，世界上存在着许多相互矛盾的真理和"多元的价值观"[1]。对于如何评估生命价值，我们有许多相互矛盾的真理，而没有一个简单的答案。读者可能会觉得沮丧，因为对于如何评估生命价值，我们无法给出单一的关键要点或结论，因为像这么复杂的问题，往往不可能有一个简单的解决方案，可以让所有利益相关方都满意。

有些人从哲学角度出发，认为人的生命是无价的。[2] 支持这个观点的人认为，人的生命值多少钱这一问题是没有意义的，或者是无法回答的。这个说法在理论上看似无懈可击，但问题在于，它忽略了一个现实——人的生命正不断被货币化，因此应该以公平的方式评估生命价值。

本书以务实的态度关注现实世界评估生命价值的方法及这些方法的影响和局限。价格取决于是谁评估价值、他们使用什么方法、评估的目的是什么，以及被评估的是谁。

从逻辑上讲，为所有生命赋予相同的价值，在一定程度上是符合直觉的，而且是一个简单的答案。它能够与许多人陈述的立场产生共鸣，而且符合这样的看法——如果必须评估人的生命价值，那么没有人应该得到优待。为生命赋予平等的价值，并不是回归理想主义或平等主义理念，而是现实中许多人的主张。亿万富翁马克·扎克伯格和他的妻子普莉希拉·陈，在给刚出生的女儿的公开信中写道："我们相信所有生命都有同等的价值，这不仅包括生活在今天的人，也包括生活在未来的更多的人。"[3] 与此类似，比尔·盖茨和梅琳达·盖茨基金会的理念是"我们认为所有生命具有同等的价值"。[4]

虽然上述声明很高尚，很有说服力，但它们既不符合现实，也与声明发表者的情况格格不入。如本书所示，不同人的生命价值通常是不同的，这是确凿无疑的事实。不平等的后果是，并非所有生命都得到了平等的保护。就个人而言，扎克伯格夫妇和盖茨夫妇肯定不会像挽救他们的父母、孩子或他们自己那样，花费大笔财富去挽救其他国家一个不知名的人的生命。

与民事判决类似，"9·11"事件受害者赔偿基金在做决定时主要考虑经济因素。虽然最终赔偿金从25万美元到700多万美元不等，但负责人肯尼思·范伯格试图减少不公。他为赔偿金设置了上下限，保证受害者家属能拿到最低额度的赔偿。赔偿金是有上限的，因此年收入数百万美元的受害者的家属，不会收到由纳税人支付的数千万美元赔偿。范伯格先生后来得出结论，所有生命都应该被赋予相同的价值。这样，我们的虚构人物里克、吉姆、阿尼塔和塞巴斯蒂安的家人都将得到相同的赔偿。这种方法更便于管理，争议更少，也更容易被公众接受。

民事法庭的判决需要考虑一系列因素，包括经济损失。在民事审判中，获得最高赔偿的生命，价值最高。陪审团有时会做出反人性的判决，比如，当受害者的意外死亡使家庭省钱时，受害者的家人无权获得赔偿。在"9·11"事件受害者赔偿基金决定赔偿额度时，范伯格先生为生命的损失确定了一个最低价值。这个最低价值意味着，无论收入如何，人的生命具有一定的内在价值，因此任何人的生命损失都是值得赔偿的。最低价值的概念是合理和公平的，因为这将避免反人性的判决，不会使一些生命损失的赔偿低于动产损失的赔偿。更普遍的情况是，每当收入被用于评估某人的生命价值时，基于种族和性别的薪酬不平等，就会被纳入输入项。如果没有根据种族和性别调整赔偿金，那么女性和少数族裔的平均生命价值必然低于白人男性。

理论上说，法律面前，人人平等。但刑事司法体系经常为一些生命赋予更高的价值。谋杀犯受到的惩罚并不相同。当受害者是白人而凶手是黑人时，法官更愿意判处死刑。交通事故致死案的判决证实，并不是所有生命都有相同的价值，都能得到平等的保护，因为当受害者是黑人、男性或失业者时，对司机的判决较轻。公职人员的生命价值更高，因为使用暴力受到政府惩罚的概率低得多。为了建设一个更公平的社会，我们需要解决起诉和判刑方面的不平等。

监管机构经常给人的生命贴上价格标签。不同机构使用的价格标签不同，但同一个机构对生命的标价是相同的（至少在我写作本书时是这样的）。环境保护署曾经试图给老年人的生命贴上更低的价格标签，但由于引发众怒而不得不使用和年轻人相同的价格标签。卫生经济学的统计数据（如质量调整生命年），对年轻人的生命的估值高于老年人。由于在分析中使用贴现方法，监管机构对现在的人的生命估值高于未来的人，贴现率越高，现在的人和未来的人的生命价值差距越大。因此，我们必须要求监管机构一直做敏感性分析。

公司总是给人的生命贴上不同的价格标签。员工的报酬千差万别，依据学历、技能、经验、行业、工会成员身份、种族、性别、工作风险而定。员工为公司带来多少利润，可以证明其中一些因素的合理性。首席执行官的工资理应比生产线工人高。但问题是：应该高多少呢？我们很难证明美国的首席执行官的工资为普通雇员的 300 倍是合理的，这在其他富裕国家和美国历史上都没有出现过。既然其他富裕国家已经实现了更公平的定薪方式，美国也可以做到。

公司在做其他商业决策时，使用的是另一套价格标签。公司经常做成本效益分析，来确定应该投入多少资金来改善产品安全，以避免死亡和伤害。这些分析在计算成本时，会考虑公司在民事审判中可能损失多少钱。这意味着，由于穷人的生命价值更低，他们得到的保护更少。

当涉及健康和生命时，任何私人或公共保险提供的保障都是有限的。如果全额报销所有人的医疗费，公共卫生系统迟早会崩溃。如果医疗费不包括在健康保险之内，那么个人必须自掏腰包。这意味着，由于富人可以负担得起更好的医疗服务，所以他们能获得更多的健康收益。这在美国表现得最为明显，医疗行业是美国主要的营利性行业，而数千万人仍然没有健康保险。这与其他富裕国家形成鲜明对比，在这些国家，基本医疗保险是一项有保障的权利。[5]美国人在基本医疗保险和健康保险上的差距，不符合 1948 年的《世界人权宣言》，这是一份美国参与起草并签署的文件，其中包括所有人都有权获得基本的健康和社会服务的条款。[6]根据平等的概念，所有人都有权获得基本医疗保险。但对于许多美国人来说，保护健康的价格标签太高，日常要为自己和家人购买食物、付租金，保健开支必须和基本需求开支竞争。我们必须采取措施来降低基本医疗保险的价格标签，以使所有人都能享受这项权利。

人们甚至在出生前，就已经被贴上了价格标签。父母在计划生孩子和养孩子时，经常会考虑生命价值。许多父母不仅要考虑抚养孩子的成本，还要考虑孩子能带来的回报。针对胎儿性别的选择性堕胎通常体现了重男轻女的思想。在一些文化中，这种偏好源于这样一种信念——生儿子是比生女儿更好的投资。残疾选择性堕胎意味着，准父母选择打掉胎儿，而不是接受抚养有先天性疾病的孩子的挑战和费用。父母在一定程度上根据胎儿能带来的经济回报做出堕胎决定，这令人痛心而且影响深远。我们必须综合考虑伦理学、科学和政治学，以了解基因编辑、选择性受精、选择性堕胎和选择性杀婴等并存的长期后果，并在此基础上建立起公正的道德准则和法规。

虽然一些人声称生命是无价的，许多人断言所有生命都应该被赋予相同的价值，但我们生活在一个不断提出相反假设的世界。这反映了另一个广泛的观念——一些生命的价值理应比另一些生命高。对于许多人来说，一些生命的价值高于其他生命似乎是合乎逻辑的、自然而然的。如果要在挽救一个被定罪的连环杀人凶手和一位英勇的警察之间做选择，大多数人会选择挽救警察的生命。在更个人的层面上，同情心使我们认为最亲近的人的生命价值高于陌生人。如果你不得不在挽救一个陌生人和你的孩子之间做选择，你会救你的孩子。更普遍的情况是，我们往往更同情那些拥有与我们相似的文化、宗教、民族、国籍、语言或个人经历的人。既然在评估生命价值方面有许多相互冲突的观点，我们应该怎么做？在评估生命价值时应该做什么、不应该做什么，人们有许多不同的看法。但现实是，每天都有人使用价格标签，因此我们必须决定如何确定生命价值。

经济学家的困境

许多优秀的经济学家已经着手解决评估生命价值的难题。这些经济学家认为这是一项必要的工作，可以为成本效益分析提供关键的输入项。这种将生命货币化的尝试，遭到那些坚持认为生命是无价的、无法估值的人的强烈反对。另一个困难是，不存在一个可以买卖生命的公开的、自由的市场。经济学家必须做出假设。虽然他们的计算有时可能很复杂，但关键假设是直截了当的，遗憾的是，这些假设充满种种局限，往往有缺陷。

在评估生命价值时，如果使用的调查法提出了缺乏现实基础的假设性问题，那么结果必然是有问题的。这类调查的受访者通常不是具有代表性的人口样本，又带来了更多问题。此外，由于分析师排除了不在预先定义的范围内的回答，调查法的缺陷更加严重。显然，调查法在理论上和实践上都是成问题的。但是它们依然存在，而且被用来计算关键输入项，影响关乎我们生命的决策。与哲学辩论不同，调查及其结果很容易得到检验和调整，这会带来不同的或许更公平的结果。为了减少调查法的问题，分析师应该纠正样本偏差以使样本更有代表性、应该取消对回答的限制、应该用一个极大的值来代表认为生命无价的人的意见。

以现实世界中的决策为基础的方法，似乎能更准确地反映社会如何评估生命价值。但是，这种方法同样有重大的理论和实践缺陷。分析师会调查，薪酬增加多少才会让一个人去做一份有风险的工作，或者一个人愿意在安全措施上花多少钱来降低死亡风险。这种方法假定人们知道他们的决定会带来怎样的影响，而且他们还有其他选择。由此得出的统计生命价值是不准确的，因为调查对象往往缺乏选择，没有谈判筹码，也不清楚自己将面对怎样的风险。虽然在理论上和实践上有明显的局限，但该方法仍然是一种能够反映真实世界结果的计算方法。

由于上述局限，我们只剩下为数不多的几个选择。本书旨在告诉读者，我们的生命正不断地被贴上价格标签。如果我们关心公平，那么我们就需要确保这些计算方法的科学性不被夸大，并且在做成本效益分析时，始终将公平纳入考量。

一个选择是政府在做决策时不依靠成本效益分析。虽然这听起来很激进，但请想想几个世纪以来，美国政府在做政策决策时并没有考虑生命的货币价值。在一些领域（如国防），政府仍然不做成本效益分析，也没有将生命货币化。政府很少用挽救多少生命或需要挽救多少生命，来证明军事或安全开支的合理性。但对于政府的许多部门来说，忽视成本效益分析并不是一个好选择，因为这些部门既需要保护人的生命，也要确保不会对财政造成太大的负担。

另一个更全面的方法是，在制定监管计划时，将成本效益分析当作考量因素之一。这与英国国家健康和保健医学研究所、泰国卫生干预和技术评估计划等采取的方法类似。这些机构不仅考虑经济因素，还考虑伦理、政治和公平等。

默克公司承诺向非洲捐赠治疗河盲症所需的伊维菌素，这是营利性公司使用这种更全面的方法的一个例子。[7]默克公司主动承担社会责任，改善了数百万人的健康，这提振了默克公司员工的士气，提高了该公司的社会评价。后来，其他公司也效仿默克公司的做法。[8] 不过，公司无法一直忽略成本效益分析。公司需要做商业决策，需要了解决策可能导致的财务结果。将更多考量因素纳入成本效益分析，有时可以使公司超越标准的成本分析计算，对社会、对自身的财务前景产生重大影响，例如前文提到的承担社会责任的公司。

维护公平

对人的生命价值的评估充斥着不公，这可见于决定生命价值的所有场景，包括民事判决、刑事判决、薪酬确定、选择性堕胎和生育计划。不公已然存在，并将继续存在。我们能做的是尽可能减少不公。为此，我们必须挑战任何地方出现的不公，特别是当生命被不公平地定价时。

有人认为经济学家已经确定了生命的真正价值，考虑到科学的局限性，我们必须不断对这一看法提出质疑，对他们评估生命价值的方法提出质疑。我们需要承认，评估生命价值是做某些计算的必要条件。但是与此同时，我们也要认识到，确定生命的价格标签的方法不完全是科学的、客观的，而是非常主观的。这并不是要诋毁在该领域工作的经济学家的能力，而是如实陈述量化抽象事物（诸如人类的生命）的限制。任何分析都要反映评估人类生命价值的不确定性和局限性。

我们需要坚持，无论为生命贴上怎样的价格标签，这个价格应该足够高，这样人类的生命才能得到充分保护。我们需要坚持，务必消除不公平的工资差距（如种族和性别造成的工资差距），因为它们影响生命价值的评估。我们需要坚持，当收入被用于评估生命价值时，必须采取措施确保赤贫者、退休者、失业者和义务劳动者的生命得到保护，而不是任由政府、组织和公司随心所欲地处置。

我们应该杜绝，法院以某人的死可节省家庭开支为由，判决他的死不值得赔偿。我们应该杜绝，一个亿万富翁的死亡赔偿金多于一百个收入远不如他的人的想法。我们应该杜绝，公司或政府为节省几块钱，而使公众陷入不必要的生命危险之中。我们应该杜绝，不公正地评价人类生命价值导致的基本人权遭到剥夺的情况。

所有生命都是宝贵的，但不是无价的。生命一直被标价，但这些价格标签往往是不公平的。我们需要确保对生命价值的评估是公平的，这样人的权利和生命才能一直得到保护。

注 释

第一章 要钱，还是要命

1. 本书特别关注我们对人类生命的估值。生命价值这个概念可以更广泛地用来审视人类为所有有知觉的生命、所有动物和所有生物赋予的估值。我们有理由预期，以后有人可能会批评本书只关注人类。

2. Lexico.com, s.v. "price tag," accessed September 29, 2019, www.oxforddictionaries.com/us/definition/american_english/price-tag.

3. Lexico.com, s.v. "value," accessed September 29, 2019, www.oxforddictionaries.com/us/definition/american_english/value.

4. Arthur D. Little International, "Public Finance Balance of Smoking in the Czech Republic, Report to: Philip Morris CR," November 28, 2000, www.tobaccofreekids.org/assets/content/what_we_do/industry_watch/philip_morris_czech/pmczechstudy.pdf; Greg Gardner, Alisa Priddle, and Brent Snavely, "GM Could Settle DOJ Criminal Investigation This Summer," *Detroit Free Press*, May 23, 2015, www.freep.com/story/money/2015/05/22/general-motors-justice-department-ignition-switch-deaths/27820247; Sanjoy Hazarika, "Bhopal Payments by Union Carbide Set at $470 Million," *New York Times*, February 15, 1989, www.nytimes.com/1989/02/15/business/bhopal-payments-by-union-carbide-set-at-470-million.html.

5. September 11th Victim Compensation Fund, "Frequently Asked Questions,"

last updated September 6, 2019, www.vcf.gov/faq.html#gen1.

6. Katharine Q. Seelye and John Tierney, "E.P.A. Drops Age-Based Cost Studies," *New York Times*, May 8, 2003, www.nytimes.com/2003/05/08/us/epa-drops-age-based-cost-studies.html.

第二章　双子塔倒下时

1. 2003 年 3 月 16 日，美国副总统迪克·切尼在《与媒体见面》节目中接受蒂姆·拉瑟特的采访，参见 www.nbcnews.com/id/3080244/ns/meet_the_press/t/transcript-sept/#.XZIFpUZKiUk。 This interview took place three days before the invasion of Iraq began on March 19, 2003. The impending costs of the war, in terms of human lives and dollars, were not discussed adequately and were often minimized. In a Pentagon news conference held on October 2, 2003, U.S. Secretary of Defense Donald Rumsfeld stated, "The bulk of the funds for Iraq's reconstruction will come from Iraqis." ProCon.org, "Will the Revenue from Iraqi Oil Production Pay for Reconstruction?," last updated January 23, 2009, http://usiraq.procon.org/view.answers.php?questionID=000946.

2. Linda J. Bilmes and Joseph E. Stiglitz, *The Three Trillion Dollar War: The True Cost of the Iraq Conflict* (New York: W. W. Norton, 2008).

3. 根据谷歌财经撷取的道琼斯指数收价，参见 www.google.com/finance。

4. United States Department of Labor, Bureau of Labor and Statistics, "Labor Force Statistics from the Current Population Survey," accessed September 30, 2019, http://data.bls.gov/timeseries/LNS14000000.

5. Air Transportation Safety and System Stabilization Act, United States

Government Publishing Office, September 22, 2001, www.gpo.gov/fdsys/pkg/PLAW-107publ42/html/PLAW-107publ42.htm.

6. September 11th Victim Compensation Fund, "Frequently Asked Questions," last updated September 6, 2019, www.vcf.gov/faq.html#gen1.

7. Kenneth R. Feinberg, *Who Gets What*? (New York: PublicAffairs, 2012), 42.

8. Fred Andrews, "Finding the Price of Fairness," *New York Times*, August 2, 2012, www.nytimes.com/2012/08/05/business/kenneth-feinbergs-new-look-at-fairnesss-price-review.html.

9. Approximately half of the victims were parents (an estimated 1,459 people out of 2,996 immediate victims). Andrea Elliot, "Growing Up Grieving, with Constant Reminders of 9/11," *New York Times*, September 11, 2004, www.nytimes.com/2004/09/11/nyregion/11kids.html.

10. Kenneth R. Feinberg, *What Is Life Worth*? (New York: PublicAffairs, 2005), 202.

11. "American Flight 77 Victims at a Glance," *USA Today*, September 25, 2011. http://usatoday30.usatoday.com/news/nation/2001/09/12/victim-capsule-flight77.htm.

12. Julia Talanova, "Cantor Fitzgerald, American Airlines Settle 9/11 lawsuit for $135 Million," *CNN News*, December 17, 2013, www.cnn.com/2013/12/17/us/new-york-cantor-fitzgerald-american-settlement.

13. Feinberg, *What Is Life Worth*?, 70.

14. Feinberg, *What Is Life Worth*?, 42.

15. Feinberg, *What Is Life Worth*?, 51.

16. Gretchen Livingston, "Stay-at-Home Moms and Dads Account for About

One-in-Five U.S. Parents," Pew Research Center, September 24, 2018, www. pewresearch.org/fact-tank/2018/09/24/stay-at-home-moms-and-dads-account-for-about-one-in-five-u-s-parents.

17. National Alliance for Caregiving and AARP, *Caregiving in the U.S.2009* (Washington, DC: National Alliance for Caregiving, 2009), www.caregiving. org/pdf/research/Caregiving_in_the_US_2009_full_report.pdf.

18. Computed based on Feinberg, *What Is Life Worth?*, 195.

19. U.S. Department of Education, Status and Trends in the Education of Racial and Ethnic Groups, July 2010, http://nces.ed.gov/pubs2010/2010015.pdf.

20. 关于男女工资差距的研究不计其数，简单的概述参见 Natalia Kolesnikova and Yang Liu, "Gender Wage Gap May Be Much Smaller Than Most Think," *Regional Economist* 19, no. 4 (October 2011): 14–15, www. stlouisfed.org/~/media/Files/PDFs/publications/pub_assets/pdf/re/2011/ d/gender_wage_gap。

21. September 11th Victim Compensation Fund, "Frequently Asked Questions."

22. Computed based on Feinberg, *What Is Life Worth?*, 195, 202.

23. Feinberg, *What Is Life Worth?*, 202.

24. Kenneth Feinberg, "What Have We Learned about Compensating Victims of Terrorism?" *Rand Review* 28, no. 2 (Summer 2004): 33–34, www.rand. org/pubs/periodicals/rand-review/issues/summer2004/33.html.

25. Feinberg, *What Is Life Worth?*, 185.

26. Patrick Mackin, Richard Parodi, and David Purcell, "Chapter 12: Review of Survivor Benefits," in *Eleventh Quadrennial Review of Military Compensation*, June 2012, https://militarypay.defense.gov/Portals/3/Documents/ Reports/11th_QRMC_Supporting_Research_Papers_(932pp)_Linked.pdf.

27. 包括基普·维斯库西和詹姆斯·哈米特在内的若干研究者在统计生命价值领域做出了贡献。该领域的一些出版物包括 Thomas J. Kniesner, W. Kip Viscusi, Christopher Woock, and James P. Ziliak, "The Value of a Statistical Life: Evidence from Panel Data," *Review of Economics and Statistics* 94, no. 1 (2012): 74–87; Joseph E. Aldy and W. Kip Viscusi, "Adjusting the Value of a Statistical Life for Age and Cohort Effects," *Review of Economics and Statistics* 90 (2008): 573–581; James Hammitt, "Extrapolating the Value per Statistical Life between Populations: Theoretical Implications," *Journal of Benefit-Cost Analysis* 8, no. 2 (2017): 215–225; and James Hammitt and Lisa Robinson, "The Income Elasticity of the Value per Statistical Life: Transferring Estimates between High and Low Income Populations," *Journal of Benefit-Cost Analysis* 2, no. 1 (2011): 1–29。

28. Bert Metz, Ogunlade Davidson, Rob Swart, and Jiahua Pan, eds., Climate Change2001: Mitigation; Contribution of Working Group III to the Third Assessment Report of the Intergovernmental Panel on Climate Change (Cambridge: Cambridge University Press, 2001), section 7.4.4.2.

29. World Bank Database, "GDP per Capita (Current US$)," accessed September 30, 2019, http://data.worldbank.org/indicator/NY.GDP.PCAP.CD.

30. Karin Stenberg, Henrik Axelson, Peter Sheehan, Ian Anderson, A. Metin Gülmezoglu, Marleen Temmerman, Elizabeth Mason, et al., "Advancing Social and Economic Development by Investing in Women's and Children's Health: A New Global Investment Framework," *The Lancet* 383, no. 9925 (2014): 1333–1354; Peter Sheehan, Kim Sweeny, Bruce Rasmussen, Annababette Wils, Howard S. Friedman, Jacqueline Mahon, George C. Patton, et al., "Building the Foundations for Sustainable Development: A Case for Global Investment in the Capabilities of Adolescents," *The Lancet* 390, no. 10104 (2017): 1792–1806. 在这些论文中，非经济价值被称为"社会效益"，与"经济效益"相对。

31. Katharine Q. Seelye and John Tierney, "E.P.A. Drops Age-Based Cost Studies," *New York Times*, May 8, 2003, www.nytimes.com/2003/05/08/us/epa-drops-age-based-cost-studies.html.

32. W. Kip Viscusi, *Pricing Lives* (Princeton, NJ: Princeton University Press, 2018), 20.

33. Binyamin Appelbaum, "As US Agencies Put More Value on a Life, Businesses Fret," *New York Times*, February 16, 2011, www.nytimes.com/2011/02/17/business/economy/17regulation.html; Viscusi, *Pricing Lives*, 35–36. Values used for other U.S. agencies in the past few years are summarized in Viscusi, *Pricing Lives*.

34. 未来收入的现值将在第五章得到讨论。我们会看到，20 世纪 70 年代，美国国家公路交通安全管理局在对汽车安全法规做成本效益分析时，使用未来收入来估算生命价值。

35. Viscusi, *Pricing Lives*. 33.

36. Discussed in detail in Cass Sunstein, *Valuing Life: Humanizing the Regulatory State* (Chicago: University of Chicago Press, 2014).

37. Daniel Kahneman and Amos Tversky, "Choices, Values, and Frames," *American Psychologist* 39, no. 4 (April 1984): 342–347.

38. J. K. Horowitz and K. E. McConnell, "A Review of WTA/WTP Studies," *Journal of Environmental Economics and Management* 44 (2002): 426–447.

39. Janusz Mrozek and Laura Taylor, "What Determines the Value of Life? A Meta-Analysis," *Journal of Policy Analysis and Management* 21, no. 2 (Spring 2002): 253–270.

40. Frank Ackerman and Lisa Heinzerling, *Priceless: On Knowing The Price of Everything and the Value of Nothing* (New York: New Press, 2005), 61–90.

41. John D. Leeth and John Ruser, "Compensating Wage Differentials for Fatal and Non-Fatal Risk by Gender and Race," *Journal of Risk and Uncertainty* 27, no. 3 (December 2003): 257–277.

42. Viscusi, *Pricing Lives*. 28–29; W. K. Viscusi and C. Masterman, "Anchoring Biases in International Estimates of the Value of a Statistical Life," *Journal of Risk and Uncertainty* 54, no. 2 (2017): 103–128.

43. Viscusi, *Pricing Lives*. 39–40; Viscusi and Masterman, "Anchoring Biases."

44. U.S. Department of Homeland Security, "About DHS," last updated July 5, 2019, www.dhs.gov/about-dhs.

45. 虽然对这句俗语的解释因人而异，但大体上说，它的意思是，当你在计算中使用不准确或不可靠的输入项时，输出项也是不准确和不可靠的。

46. Amanda Ripley, "WTC Victims: What's A Life Worth?," *Time*, February 6 2002, http://content.time.com/time/nation/article/0,8599,198866-3,00.html.

47. Federal Bureau of Investigation, "Crime in the United States 2001," accessed September 30, 2019, https://ucr.fbi.gov/crime-in-the-u.s/2001.

48. James Oliphant, "Why Boston Bombing Victims Get Millions When Wounded Soldiers Only Get Thousands," *National Journal*, August 3, 2013, http://qz.com/111285/why-boston-bombing-victims-get-millions-when-wounded-soldiers-only-get-thousands.

第三章 国王、庶民不同罪

1. Massimo Calabresi, "Why a Medical Examiner Called Eric Garner's Death a 'Homicide,' " *Time*, December 4, 2014, http://time.com/3618279/eric-

garner-chokehold-crime-staten-island-daniel-pantaleo.

2. Rene Stutzman, "Trayvon Martin's Parents Settle Wrongful-Death Claim," *Orlando Sentinel*, April 5, 2013, http://articles.orlandosentinel.com/2013-04-05/news/os-trayvon-martin-settlement-20130405_1_trayvon-martin-benjamin-crump-george-zimmerman.

3. Deborah R. Hensler, "Money Talks: Searching for Justice through Compensation for Personal Injury and Death," *DePaul Law Review* 53, no. 2 (2013): 417–456, http://via.library.depaul.edu/law-review/vol53/iss2/9.

4. Andrew Jay McClurg, "Dead Sorrow: A Story about Loss and a New Theory of Wrongful Death Damages," *Boston University Law Review* 85 (2005): 1–51.

5. 在一些承认过失（会给他人造成不合理损害危险的行为）或故意造成精神伤害的州，在损害范围内目击了致死行为的人可以要求补偿。

6. Nolo Law for All, "Damages in a Wrongful Death Lawsuit," accessed September 30, 2019, www.nolo.com/legal-encyclopedia/wrongful-death-claims-overview-30141-2.html.

7. Hensler, "Money Talks," 417–456. 需要注意的是，惩罚性赔偿不适用于包括部分政府部门在内的一些机构（U.S. Equal Employment Opportunity Commission, "Enforcement Guidance: Compensatory and Punitive Damages Available under §102 of the Civil Rights Act of 1991," July 14, 1992, www.eeoc.gov/policy/docs/damages.html）。"9·11" 事件受害者赔偿基金未涉及惩罚性赔偿。

8. Exxon Shipping Co. et al. v. Baker et al., 554 U.S. 471 (2008), www.law.cornell.edu/supct/html/07-219.ZS.html; BMW of North America, Inc., v. Gore, 517 U.S. 559 (1996), www.law.cornell.edu/supct/html/94-896.

ZO.html.

9. Adam Davidson, "Working Stiffs," *Harper's Magazine* 303, no. 1815 (August 2001): 48–54, https://adamdavidson.com/harpers-magazine-working-stiffs.

10. Baker v. Bolton. 1 Campbell 493, 170 Eng. Rep. 1033, 1033 (K.B. 1808).

11. Peter Handford, "Lord Campbell and the Fatal Accidents Act," *Law Quarterly Review* 420 (2013): http://ssrn.com/abstract=2333018.

12. Stuart M. Speiser and Stuart S. Malawer, "American Tragedy: Damages for Mental Anguish of Bereaved Relatives in Wrongful Death Actions," *Tulane Law Review* 51, no. 1 (1976): 1–32.

13. 同上。

14. Leonard Decof, "Damages in Actions for Wrongful Death of Children," *Notre Dame Law Review* 47, no. 2 (1971): 197–229.

15. 同上。

16. Michael L. Brookshire and Frank L. Slesnick, "Self-Consumption in Wrongful Death Cases: Decedent or Family Income?," *Journal of Forensic Economics* 21, no. 1 (December 2009): 35–53.

17. David Paul Horowitz, "The Value of Life," *New York State Bar Association Journal* 85, no. 9 (2013): 14–16.

18. Thurston v. The State of New York, New York State Court of Claims, claim number 117361 (2013), http://vertumnus.courts.state.ny.us/claims/wp-html/2013-031-019.htm.

19. Meredith A. Wegener, "Purposeful Uniformity: Wrongful Death Damages for Unmarried, Childless Adults," *South Texas Law Review* 51, no. 339 (2009): 339–367.

20. Michael L. Brookshire and Frank L. Slesnick, "Self-Consumption in Wrongful Death Cases: Decedent or Family Income?," *Journal of Forensic Economics* 21, no. 1 (December 2009): 35–53.

21. Davidson, "Working Stiffs," 48–54.

22. C. J. Sullivan, "$3.25M Settlement in Sean Bell Shooting an Eerie Birthday Gift," *New York Post*, July 28, 2010, http://nypost.com/2010/07/28/3-25m-settlement-in-sean-bell-shooting-an-eerie-birthday-gift.

23. 开枪的五名警察中，三名被大陪审团起诉。但警察是受法官审判，而不是陪审团审判。阿瑟·J.库珀曼法官裁定被告所有罪名均不成立。

24. Frank Donnelly, "Misdemeanor Cases over Alleged Untaxed Cigarettes Preceded Fatal Police Incident with Eric Garner," *Staten Island Live*, July 18, 2014, www.silive.com/northshore/index.ssf/2014/07/eric_garner_who_died_in_police.html.

25. Faith Karimi, Kim Berryman, and Dana Ford, "Who Was Freddie Gray, Whose Death Has Reignited Protests Against Police?," *CNN*, May 2, 2015, www.cnn.com/2015/05/01/us/freddie-gray-who-is-he.

26. John Bacon, "Freddie Gray Settlement 'Obscene,' Police Union Chief Says," *USA TODAY*, September 9, 2015, www.usatoday.com/story/news/nation/2015/09/09/baltimore-panel-approves-freddie-gray-settlement/71928226.

27. B. Drummond Ayres, Jr., "Jury Decides Simpson Must Pay $25 Million in Punitive Award," *New York Times*, February 11, 1997, www.nytimes.com/1997/02/11/us/jury-decides-simpson-must-pay-25-million-in-punitive-award.html.

28. The Innocence Project, "Compensating The Wrongly Convicted," December 11, 2018, www.innocenceproject.org/compensating-wrongly-convicted; Editorial Board, "Paying for Years Lost Behind Bars," *New York Times*, May 18, 2016, www.nytimes.com/2016/05/18/opinion/paying-for-years-lost-behind-bars.html.

29. The Innocence Project, "Compensation Statutes: A National Overview," 2017, www.innocenceproject.org/wp-content/uploads/2017/09/Adeles_Compensation-Chart_Version-2017.pdf.

30. A. G. Sulzberger and Tim Stelloh, "Bell Case Underlines Limits of Wrongful-Death Payouts," *New York Times*, July 28, 2010, www.nytimes.com/2010/07/29/nyregion/29bell.html.

31. Eliot McLaughin, "He Spent 39 Years in Prison for a Double Murder He Didn't Commit. Now, He's Getting $21 Million," *CNN*, February 25, 2019, www.cnn.com/2019/02/24/us/craig-coley-simi-valley-21-million-wrongful-conviction/index.html.

32. Jonathan M. Katz, "2 Men Awarded $750,000 for Wrongful Convictions in 1983 Murder," *New York Times*, September 2, 2015, www.nytimes.com/2015/09/03/us/2-men-awarded-750000-for-wrongful-convictions-in-1983-murder.html.

33. Kenneth R. Feinberg, *What Is Life Worth?* (New York: PublicAffairs, 2005), 202.

34. United States Courts, "Criminal Cases," United States Courts, www.uscourts.gov/about-federal-courts/types-cases/criminal-cases.

35. World Bank, "Intentional Homicides (per 100,000 People)," accessed September 30, 2019, http://data.worldbank.org/indicator/VC.IHR.PSRC.P5.

36. Federal Bureau of Investigation, "Crime in the United States 2011: Expanded Homicide Data Table 8," accessed September 30, 2019, www.fbi.gov/about-us/cjis/ucr/crime-in-the-u.s/2011/crime-in-the-u.s.-2011/tables/expanded-homicide-data-table-8.

37. Centers for Disease Control and Prevention, "QuickStats: Suicide and Homicide Rates,* by Age Group—United States, 2009," July 20, 2012, accessed September 30, 2019, www.cdc.gov/mmwr/preview/mmwrhtml/mm6128a8.htm; Federal Bureau of Investigation, "Expanded Homicide Data Table 1: Murder Victims by Race and Sex, 2010," accessed September 30, 2019, www.fbi.gov/about-us/cjis/ucr/crime-in-the-u.s/2010/crime-in-the-u.s.-2010/tables/10shrtbl01.xls.

38. Jillian Boyce and Adam Cotter, "Homicide in Canada, 2012,"Canadian Centre for Justice Statistics, December 19, 2013, www.statcan.gc.ca/pub/85-002-x/2013001/article/11882-eng.htm; OECD, "Better Life Index," accessed September 30, 2019, www.oecdbetterlifeindex.org/topics/safety.

39. Nate Silver, "Black Americans Are Killed at 12 Times the Rate of People in Other Developed Countries," *FiveThirtyEight*, June 18, 2015, http://fivethirtyeight.com/datalab/black-americans-are-killed-at-12-times-the-rate-of-people-in-other-developed-countries.

40. Computed from Federal Bureau of Investigation, "Expanded Homicide Data Table 1."

41. Federal Bureau of Investigation, "Expanded Homicide Data Table 10: Murder Circumstances by Relationship, 2010," accessed September 30, 2019, www.fbi.gov/about-us/cjis/ucr/crime-in-the-u.s/2010/crime-in-the-u.s.-2010/tables/10shrtbl10.xls.

42. B. Page, "Bible Says It's Okay to Beat Your Slave, As Long As They Don't

Die? Exodus 21:20–21?," Revelation.co, June 9, 2013, www.revelation.co/2013/06/09/bible-says-its-okay-to-beat-your-slave-as-long-as-they-dont-die-exodus-2120-21.

43. Murder, 18 U.S. Code § 1111, www.law.cornell.edu/uscode/text/18/1111.

44. Cornell Law School, "Manslaughter," Legal Information Institute, accessed October 21, 2019, www.law.cornell.edu/wex/manslaughter.

45. Murder or Manslaughter of Foreign Officials, Official Guests, or Internationally Protected Persons, 18 U.S. Code § 1116, www.law.cornell.edu/uscode/text/18/1116.

46. John Blume, Theodore Eisenberg, and Martin T. Wells. "Explaining Death Row's Population and Racial Composition," *Journal of Empirical Legal Studies* 1, no. 1 (2004): 165–207; Death Penalty Information Center, "States with and without the Death Penalty," accessed October 21, 2019, https://deathpenaltyinfo.org/state-and-federal-info/state-by-state.

47. J. L. Lauritsen, R. J. Sampson, and J. H. Laub, "The Link between Offending and Victimization among Adolescents," *Criminology* 29, no. (1991): 265–292.

48. T. Bynum, G. Cordner, and J. Greene, "Victim and Offense Characteristics: Impact on Police Investigative Decision-Making," *Criminology* 20, no. 3 (1982): 301–318.

49. Shila R. Hawk and Dean A. Dabney, "Are All Cases Treated Equal? Using Goffman's Frame Analysis to Understand How Homicide Detectives Orient to Their Work," *British Journal of Criminology* 54 (2014): 1129–1147.

50. 同上。

51. Jason Rydberg and Jesenia M. Pizarro, "Victim Lifestyle as a Correlate of

Homicide Clearance," *Homicide Studies* 18, no. 4 (2014): 342–362.

52. Jan Ransom and Ashley Southall, "'Race-Biased Dragnet': DNA from 360 Black Men Was Collected to Solve Vetrano Murder, Defense Lawyers Say," *New York Times*, March 31, 2019, www.nytimes.com/2019/03/31/nyregion/karina-vetrano-trial.html.

53. 本段与卡琳娜·韦特拉诺相关的内容，大部分来自与纽约市警察局一名成员的对话，他要求匿名。

54. Edward L. Glaeser and Bruce Sacerdote, "Sentencing in Homicide Cases and the Role of Vengeance," *Journal of Legal Studies* 32 (2003): 363–382.

55. Death Penalty Information Center, "Abolitionist and Retentionist Countries," last updated December 31, 2017, www.deathpenaltyinfo.org/abolitionist-and-retentionist-countries.

56. *Death Sentences and Executions 2017* (London: Amnesty International, 2018), www.amnesty.org/download/Documents/ACT5079552018ENGLISH.PDF.

57. Peter A. Collins, Robert C. Boruchowitz, Matthew J. Hickman, and Mark A. Larranaga, *An Analysis of the Economic Costs of Seeking the Death Penalty in Washington* (Seattle: Seattle University School of Law 2015), http://digitalcommons.law.seattleu.edu/faculty/616; Paul V. Townsend, *Performance Audit: Fiscal Costs of the Death Penalty, 2014* (Carson City, NV: State of Nevada, 2014), www.leg.state.nv.us/audit/Full/BE2014/Costs%20of%20Death%20Penalty,%20LA14–25,%20Full.pdf; Arthur L. Alarcón and Paula M. Mitchell, "Costs of Capital Punishment in California: Will Voters Choose Reform this November?," special issue, *Loyola Law Review* 46, no. 0 (2012).

58. Death Penalty Information Center, "Death Penalty for Offenses Other Than

Murder," accessed October 21, 2019, https://deathpenaltyinfo.org/facts-and-research/crimes-punishable-by-death/death-penalty-for-offenses-other-than-murder.

59. Karen F. Parker, Mari A. DeWees, and Michael L. Radelet, "Race, the Death Penalty, and Wrongful Convictions," *Criminal Justice* 18, no. 49 (2003): 48–54; Hugo Adam Bedau, "Racism, Wrongful Convictions, and the Death Penalty," *Tennessee Law Review* 76, no. 615 (2009): 615–624; Samuel Sommers and Phoebe Ellsworth, "White Juror Bias: An Investigation of Prejudice Against Black Defendants in the American Courtroom," *Psychology, Public Policy and Law* 7, no. 1 (2001): 201–229, www.ase.tufts.edu/psychology/sommerslab/documents/raceRealSommersEllsworth2001.pdf.

60. John Blume, Theodore Eisenberg, and Martin T. Wells, "Explaining Death Row's Population and Racial Composition," *Journal of Empirical Legal Studies* 1, no. 1 (2004): 165–207, http://scholarship.law.cornell.edu/cgi/viewcontent.cgi?article=1240&context=facpub.

61. Scott Phillips, "Racial Disparities in the Capital of Capital Punishment," *Houston Law Review* 45 (208): 807–840.

62. Death Penalty Information Center, "Number of Executions by State and Region since 1976," accessed October 21, 2019, www.deathpenaltyinfo.org/number-executions-state-and-region-1976.

63. Death Penalty Information Center, "Executions by Country," accessed October 21, 2019, www.deathpenaltyinfo.org/executions-county#overall.

64. Phillips, "Racial Disparities."

65. Marian R. Williams and Jefferson E. Holcomb, "The Interactive Effects of Victim Race and Gender on Death Sentence Disparity Findings," *Homicide*

Studies 8, no. 4 (2004): 350–376.

66. Lane Kirkland Gillespie, Thomas A. Loughran, Dwayne M. Smith, Sondra J. Fogel, and Beth Bjerregaard, "Exploring the Role of Victim Sex, Victim Conduct, and Victim-Defendant Relationship in Capital Punishment Sentencing," *Homicide Studies* 18, no. 2 (2014): 175–195, http://dx.doi.org/10.1177/1088767913485747.

67. Samuel R. Gross, Maurice Possley, and Klara Stephens, *Race and Wrongful Convictions in the United States* (Irvine, CA: National Registry of Exonerations, March 7, 2017), www.law.umich.edu/special/exoneration/Documents/Race_and_Wrongful_Convictions.pdf.

68. Cal. Pen. Code §187–199, https://leginfo.legislature.ca.gov/faces/codes_displayText.xhtml?lawCode=PEN&division=&title=8.&part=1.&chapter=1.&article; Veronica Rose, "Killing a Police Officer," OLR Research Report, May 23, 2000, www.cga.ct.gov/2000/rpt/2000-R-0564.htm.

69. *Washington Post*, "Fatal Force," accessed September 30, 2019, www.washingtonpost.com/graphics/2018/national/police-shootings-2018. 根据《华盛顿邮报》，每年执勤警察杀死的人数（2018 年，九百九十二人被警察开枪打死）是联邦调查局公布的数据（四百人左右）的两倍以上，参见 Federal Bureau of Investigation, "Expanded Homicide Data Table 14: Justifiable Homicide by Weapon, Law Enforcement, 2008–2012," accessed September 30, 2019, www.fbi.gov/about-us/cjis/ucr/crime-in-the-u.s/2012/crime-in-the-u.s.-2012/offenses-known-to-law-enforcement/expanded-homicide/expanded_homicide_data_table_14_justifiable_homicide_by_weapon_law_enforcement_2008-2012.xls。

70. Human Rights Watch, "Local Criminal Prosecution," accessed September 30, 2019, www.hrw.org/legacy/reports98/police/uspo31.htm.

71. Mapping Police Violence, "Unarmed Victims," accessed September 30, 2019, http://mappingpoliceviolence.org/unarmed.

72. Human Rights Watch, "Local Criminal Prosecution," accessed September 30, 2019, www.hrw.org/legacy/reports98/police/uspo31.htm.

73. Calabresi, "Why a Medical Examiner Called Eric Garner's Death a 'Homicide.' "

74. United States Census Bureau, "Income, Poverty and Health Insurance Coverage in the United States: 2014," release number CB15-157, September 16, 2015, www.census.gov/newsroom/press-releases/2015/cb15-157.html; Rakesh Kochhar and Richard Fry, "Wealth Inequality Has Widened along Racial, Ethnic Lines since End of Great Recession," Pew Research Center, December 12, 2014, www.pewresearch.org/fact-tank/2014/12/12/racial-wealth-gaps-great-recession.

第四章　你的水里多点砷

1. 本章重点讨论联邦法规。美国州和地方法规通常不适用成本效益分析。完整的联邦机构列表可以在《联邦公报》的网站上找到，参见 www.federalregister.gov/agencies。

2. Paperwork Reduction Act, Public Law 96–511, 96th Congress (1980) www.congress.gov/bill/96th-congress/house-bill/6410; Exec. Order No. 13563, 76 Fed. Reg. 3821 (January 18, 2011) www.gpo.gov/fdsys/pkg/FR-2011-01-21/pdf/2011-1385.pdf.

3. Exec. Order No. 12291, 46 Fed. Reg. 13193 (February 17, 1981) www.archives.gov/federal-register/codification/executive-order/12291.html; Exec. Order No. 12866, 58 Fed. Reg. 190 (September 30, 1993) www.

reginfo.gov/public/jsp/Utilities/EO_12866.pdf; Exec. Order No. 13563.

4. Flood Control Act of 1939, Public Law 76–396, 76th Congress (1939), www.legisworks.org/congress/76/publaw-396.pdf.

5. For an overview, see Anthony Boardman, David Greenberg, Aidan Vining, and David Weimer, *Cost-Benefit Analysis Concepts and Practice*, 4th ed., Pearson Series in Economics (Upper Saddle River, NJ: Prentice Hall, 2010).

6. Winston Harrington, Richard Morgenstern, and Peter Nelson, "How Accurate Are Regulatory Cost Estimates?" *Resources for the Future*, March 5, 2010, https://grist.files.wordpress.com/2010/10/harringtonmorgensternnelson_ regulatory_estimates.pdf; Winston Harrington, "Grading Estimates of the Benefits and Costs of Federal Regulation: A Review of Reviews" (discussion paper 06-39, Resources for the Future, Washington, DC, 2006), https:// ideas.repec.org/p/rff/dpaper/dp-06-39.html; Winston Harrington, Richard D. Morgenstern, and Peter Nelson, "On the Accuracy of Regulatory Cost Estimates," *Journal of Policy Analysis and Management* 19, no. 2 (2000): 297– 322, https://onlinelibrary.wiley.com/doi/abs/10.1002/%28SICI%291520- 6688%28200021%2919%3A2%3C297%3A%3AAID-PAM7%3E3.0. CO%3B2-X.

7. Noel Brinkerhoff, "Many of Largest U.S. Corporations Paid More for Lobbying Than for Federal Income Taxes," Allgov.com, January 27, 2012, www.allgov.com/Top_Stories/ViewNews/Many_of_Largest_US_ Corporations_Paid_More_for_Lobbying_than_for_Federal_Income_ Taxes_120127.

8. Alex Blumberg, "Forget Stocks or Bonds, Invest in a Lobbyist," National Public Radio, January 6, 2012, www.npr.org/sections/ money/2012/01/06/144737864/forget-stocks-or-bonds-invest-in-a- lobbyist.

9. Cass Sunstein, *Valuing Life* (Chicago: University of Chicago Press, 2014), 74.

10. Lisa Heinzerling, "The Rights of Statistical People," *Harvard Environmental Law Review* 189, no. 24 (2000): 203–6, http://scholarship.law.georgetown.edu/cgi/viewcontent.cgi?article=1322&context=facpub.

11. "Economic Analysis of Federal Regulations under Executive Order 12866," (Report of Interagency Group Chaired by a Member of the Council of Economic Advisors, January 11, 1996), part III.B.5(a), https://georgewbush-whitehouse.archives.gov/omb/inforeg/riaguide.html.

12. W. Kip Viscusi, *Pricing Lives* (Princeton: Princeton University Press, 2018), 35–36.

13. Frank Ackerman and Lisa Heinzerling, "If It Exists, It's Getting Bigger: Revising the Value of a Statistical Life," (Global Development and Environment Institute Working Paper No. 01–06, Tufts University, Medford, MA, October 2001), http://frankackerman.com/publications/costbenefit/Value_Statistical_Life.pdf.

14. Sunstein, *Valuing Life*, 52.

15. Katharine Q. Seelye and John Tierney, "E.P.A. Drops Age-Based Cost Studies," *New York Times*, May 8, 2003, www.nytimes.com/2003/05/08/us/epa-drops-age-based-cost-studies.html; Frank Ackerman and Lisa Heinzerling, *Priceless: On Knowing the Price of Everything and the Value of Nothing* (New York: New Press, 2005), 61–90; Bert Metz, Ogunlade Davidson, Rob Swart, and Jiahua Pan, *Climate Change 2001: Mitigation* (Cambridge: Cambridge University Press, 2001), section 7.4.4.2.

16. Clean Air Task Force, "The Toll from Coal: An Updated Assessment of Death and Disease from America's Dirtiest Energy Source," September 2010, www.catf.us/resources/publications/files/The_Toll_from_Coal.pdf;

Abt Associates, "Technical Support Document for the Powerplant Impact Estimator Software Tool," July 2010, www.catf.us/resources/publications/files/Abt-Technical_Support_Document_for_the_Powerplant_Impact_Estimator_Software_Tool.pdf.

17. Cass R. Sunstein, *The Cost-Benefit Revolution* (Cambridge, MA: MIT Press, 2018), 74, 80, 142, 170.

18. 要想弄明白这个问题，我们可以按年龄对调查结果分组，然后观察不同年龄组的价值是否变化。但是这个方法会受到支付能力等许多因素的影响。

19. 如果想进一步了解贴现和复利，我推荐阅读 Boardman et al., *Cost-Benefit Analysis Concepts and Practices*。

20. Boardman et al., Cost-Benefit Analysis Concepts and Practices, 247.

21. 适当的贴现率是多少，人们已经反复讨论过。已经使用过的贴现率包括私营部门投资的边际报酬率、社会时间偏好率、政府真实长期借贷利率。

22. 当假定的生命价值增长率被设为与贴现率相等时，即使贴现率不为零，净贴现率也是零。

23. 一些研究试图展示人们如何贴现未来的生命，如 Maureen L. Cropper, Sema K. Aydede, and Paul R. Portney, "Rates of Time Preference for Saving Lives," *American Economic Review* 82, no. 2 [May 1992]: 469–472。这些研究一方面像所有调查法一样，受样本偏差的影响，另一方面看到的贴现率取决于对未来的预测有多远。

24. A summary of the concerns is identified in the section on intergenerational accounting in "Economic Analysis of Federal Regulations under Executive Order 12866," part III.B.5(a).

25. T. Tan-Torres Edejer, R. Baltussen, T. Adam, R. Hutubessy, A. Acharya, D. B. Evans, and C. J. L. Murray, eds., "WHO Guide to Cost-Effectiveness Analysis," (Geneva: World Health Organization, 2003), 70, www.who.int/choice/publications/p_2003_generalised_cea.pdf.

26. Stephanie Riegg Cellini and James Edwin Kee, "Cost-Effectiveness and Cost-Benefit Analysis," in *Handbook of Practical Program Evaluation*, 3rd ed., ed. Joseph S. Wholey, Harry P. Hatry, and Kathryn E. Newcomer (San Francisco: Jossey-Bass, 2010), 493–530.

27. Clean Air Task Force, "Toll from Coal."

28. Adam Liptak and Coral Davenport, "Supreme Court Blocks Obama's Limits on Power Plants," *New York Times*, June 29, 2015, www.nytimes.com/2015/06/30/us/supreme-court-blocks-obamas-limits-on-power-plants.html.

29. Michigan et al. v. Environmental Protection Agency et al., 135 S. Ct. 2699 (2015), www.supremecourt.gov/opinions/14pdf/14-46_bqmc.pdf.

30. 更多关于监管俘获这个话题的讨论，参见 Ernesto Dal Bó, "Regulatory Capture: A Review," *Oxford Review of Economic Policy* 22 no. 2 (2006): 203–225, http://faculty.haas.berkeley.edu/dalbo/Regulatory_Capture_Published.pdf。

31. Laurie Garrett, "EPA Misled Public on 9/11 Pollution/White House Ordered False Assurances on Air Quality, Report Says," *Newsday*, August 23, 2003, www.sfgate.com/news/article/EPA-misled-public-on-9-11-pollution-White-House-2560252.php.

32. Jennifer Lee, "White House Sway Is Seen in E.P.A. Response to 9/11," *New York Times*, August 9, 2003, www.nytimes.com/2003/08/09/nyregion/white-house-sway-is-seen-in-epa-response-to-9-11.html.

33. The public can provide comment under the Administrative Procedures Act, Public Law 79–404, 79th Congress (1946).

34. Exec. Order No. 13563.

35. Dwight D. Eisenhower, "Military-Industrial Complex Speech," 1961, https://avalon.law.yale.edu/20th_century/eisenhower001.asp.

第五章　利益最大化的代价

1. E. S. Grush and C. S. Saunby, "Fatalities Associated with Crash Induced Fuel Leakage and Fires," 1973, http://lawprofessors.typepad.com/tortsprof/files/FordMemo.pdf. This document is also referred to as the Ford Pinto Memo.

2. Gary T. Schwartz, "The Myth of the Ford Pinto Case," *Rutgers Law Review* 43, no. 1013 (1991): 1013–1068, www.pointoflaw.com/articles/The_Myth_of_the_Ford_Pinto_Case.pdf.

3. 我参加过一次统计学家协助的模拟审判。

4. William H. Shaw and Vincent Barry, *Moral Issues in Business*, 8th ed. (Belmont, CA: Wadsworth Publishing, 2001), 83–86.

5. Mark Dowie, "Pinto Madness," *Mother Jones*, September/October 1977, www.motherjones.com/politics/1977/09/pinto-madness.

6. Grimshaw v. Ford Motor Co., 119 Cal. 3d 757 (1981), http://online.ceb.com/calcases/CA3/119CA3d757.htm. 值得注意的是，本案根据过去三十年的生活费用调整（cost of living adjustment）裁定的 250 万美元补偿性赔偿，与如今的监管机构广泛使用的价格标签相似。2010 年的统计生命价值是根据 1978 年（1981 年再次确认）的赔偿金和内政部的生活费用调整（www.ssa.gov/oact/cola/colaseries.html）计算出来的。

7. History, "This Day in History: July 13 1978; Henry Ford II Fires Lee Iacocca," January 27, 2010, www.history.com/this-day-in-history/henry-ford-ii-fires-lee-iacocca.

8. Greg Gardner, Alisa Priddle, and Brent Snavely, "GM Could Settle DOJ Criminal Investigation This Summer," *Detroit Free Press*, May 23, 2015, www.freep.com/story/money/2015/05/22/general-motors-justice-department-ignition-switch-deaths/27820247.

9. Bill Vlasic and Matt Apuzzo, "Toyota Is Fined $1.2 Billion for Concealing Safety Defects," *New York Times*, March 19, 2014, www.nytimes.com/2014/03/20/business/toyota-reaches-1-2-billion-settlement-in-criminal-inquiry.html.

10. "A Scandal in the Motor Industry: Dirty Secrets," *The Economist*, September 26, 2015, www.economist.com/news/leaders/21666226-volkswagens-falsification-pollution-tests-opens-door-very-different-car.

11. Ralph Nader, *Breaking Though Power* (San Francisco: City Lights Books, 2016), 61.

12. Subodh Varma, "Arbitrary? 92% of All Injuries Termed Minor," *The Times of India*, June 20, 2010, http://timesofindia.indiatimes.com/india/Arbitrary-92-of-all-injuries-termed-minor/articleshow/6069528.cms.

13. Sanjoy Hazarika, "Bhopal Payments by Union Carbide Set at $470 Million," *New York Times*, February 15, 1989, www.nytimes.com/1989/02/15/business/bhopal-payments-by-union-carbide-set-at-470-million.html.

14. 1989年，美国的国内生产总值是印度的20.9倍，购买力平价调整后是印度的64.9倍。World Bank, "GDP per Capita (Current US$)," accessed September 30, 2019, http://data.worldbank.org/indicator/NY.GDP.PCAP.CD; World Bank, "GDP per Capita, PPP (Current

International \$),'" accessed September 30, 2019, http://data.worldbank.org/indicator/NY.GDP.PCAP.PP.CD.

15. "Compensation Fund for Bangladesh Factory Victims Reaches US\$30m Target," *Channel News Asia*, June 9, 2015, www.channelnewsasia.com/news/asiapacific/compensation-fund-for/1902092.html.

16. Arthur D. Little International, "Public Finance Balance of Smoking in the Czech Republic, Report to: Philip Morris CR," November 28, 2000, www.no-smoke.org/pdf/pmczechstudy.pdf.

17. A. Raynauld and J. Vidal, "Smoker's Burden on Society: Myth and Reality in Canada," *Canadian Public Policy* 18, no. 3 (1992): 300–317; G. Stoddart, R. LaBelle, M. Barer, and R. Evans, "Tobacco Taxes and Health Care Costs: Do Canadian Smokers Pay Their Way?," *Journal of Health Economics* 5, no. 1 (1986): 63–80; J. Prabhat and F. J. Chaloupka, *Curbing the Epidemic: Governments and the Economics of Tobacco Control*, (Washington, DC: World Bank, 1999).

18. "Smoking Can Help Czech Economy, Philip Morris-Little Report Says," *Wall Street Journal*, July 16, 2001, www.wsj.com/articles/SB995230746855683470.

19. "Philip Morris Issues Apology for Czech Study on Smoking," *New York Times*, July 27, 2001, www.nytimes.com/2001/07/27/business/philip-morris-issues-apology-for-czech-study-on-smoking.html.

20. Samuel H. Williamson and Louis P. Cain, "Slavery in 2011 Dollars," Measuring Worth, 2019, www.measuringworth.com/slavery.php.

21. Slavery Convention, September 25, 1926, 60 L.N.T.S. 254, www.ohchr.org/Documents/ProfessionalInterest/slavery.pdf; Supplementary Convention on the Abolition of Slavery, the Slave Trade, and Institutions and Practices

Similar to Slavery, September 7, 1956, 266 U.N.T.S. 3, www.ohchr.org/
Documents/ProfessionalInterest/slaverytrade.pdf; *The Global Slavery
Index 2014* (Australia: Hope for Children Organization, 2014) https://
reporterbrasil.org.br/wp-content/uploads/2014/11/GlobalSlavery_2014_
LR-FINAL.pdf.

22. *Global Slavery Index 2014*; Adam Withnall, "Isis Releases 'Abhorrent' Sex
Slaves Pamphlet with 27 Tips for Militants on Taking, Punishing and Raping
Female Captives," *Independent*, December 10, 2014, www.independent.
co.uk/news/world/middle-east/isis-releases-abhorrent-sex-slaves-pamphlet-
with-27-tips-for-militants-on-taking-punishing-and-raping-female-
captives-9915913.html.

23. Doug Bolton, "Isis 'Price List' for Child Slaves Confirmed as Genuine
by UN Official Zainab Bangura," *Independent*, August 4, 2015, www.
independent.co.uk/news/world/middle-east/isis-price-list-for-child-slaves-
confirmed-as-genuine-by-un-official-zainab-bangura-10437348.html.

24. Eric Foner, *Give Me Liberty* (New York: W.W. Norton, 2004).

25. United Nations Office on Drugs and Crime, "Factsheet on Human
Trafficking," accessed September 30, 2019, www.unodc.org/documents/
human-trafficking/UNVTF_fs_HT_EN.pdf.

26. U.S. General Accounting Office, "Alien Smuggling: Management and
Operational Improvements Needed to Address Growing Problem,"
(Washington, DC: U.S. Government Printing Office, 2000), www.gao.gov/
assets/230/229061.pdf.

27. "Walk Tall: Why It Pays to Be a Lanky Teenager," *The Economist*, April 25
2002, www.economist.com/node/1099333.

28. Carol Peckham, "Medscape Radiologist Compensation Report 2015,"

Medscape, April 21, 2015, www.medscape.com/features/slideshow/ compensation/2015/radiology. For the purpose of this calculation, I have used a forty-hour workweek and four weeks of vacation.

29. Milton Friedman, *Capitalism and Freedom* (Chicago: University of Chicago Press, 2002).

30. Thomas Friedman, *The World Is Flat* (New York: Farrar, Straus, and Giroux, 2005).

31. Elizabeth Olson, "Welcome to Your First Year as a Lawyer. Your Salary Is $160,000, "*New York Times*, April 16, 2015, www.nytimes.com/2015/04/17/ business/dealbook/welcome-to-your-first-year-as-a-lawyer-your-salary-is-160000-a-year.html; Association of American Medical Colleges, "Starting Salaries for Physicians," accessed January 10, 2019, https://www.aamc.org/ services/first/first_factsheets/399572/compensation.html.

32. New York City Fire Department, "Firefighter Benefits and Salaries," accessed September 30, 2019, www1.nyc.gov/site/fdny/jobs/career-paths/firefighter-salary-guide.page.

33. Howard Steven Friedman, *Measure of a Nation* (New York: Prometheus Books, 2012).

34. 按每小时 7.25 美元，每周 40 小时，每年 50 周计算出的年薪是 1.45 万美元，而 2017 年美国的人均国内生产总值是 59 531 美元。参见 World Bank, GDP per Capita (Current US$); Organisation for Economic Co-operation and Development, "Focus on Minimum Wages after the Crisis: Making Them Pay," May 2015, www.oecd.org/social/Focus-on-Minimum-Wages-after-the-crisis-2015.pdf。

35. Bureau of Labor and Statistics, "United States Department of Labor," accessed September 30, 2019, www.bls.gov/emp/chart-unemployment-

earnings-education.htm.

36. "Is Your Degree Worth It? It Depends What You Study, Not Where," *The Economist*, March 12, 2015, www.economist.com/news/united-states/21646220-it-depends-what-you-study-not-where.

37. United Nations International Civil Service Commission, "Danger Pay," accessed September 30, 2019, https://icsc.un.org/Home/DangerPay.

38. Hanna Rosin, "The Gender Wage Gap Lie," *Slate Magazine*, August 30, 2013, www.slate.com/articles/double_x/doublex/2013/08/gender_pay_gap_the_familiar_line_that_women_make_77_cents_to_every_man_s.html.

39. Francine D. Blau and Lawrence M. Kahn, "The Gender Pay Gap: Have Women Gone as Far as They Can?," *Academy of Managed Perspectives* 21, no. 1 (2007): 7–23, http://web.stanford.edu/group/scspi/_media/pdf/key_issues/gender_research.pdf.

40. Joanne Lipman, "Let's Expose the Gender Pay Gap," *New York Times*, August 13, 2015, www.nytimes.com/2015/08/13/opinion/lets-expose-the-gender-pay-gap.html.

41. Deborah Ashton, "Does Race or Gender Matter More to Your Paycheck?," *Harvard Business Review*, November 4, 2016, https://hbr.org/2014/06/does-race-or-gender-matter-more-to-your-paycheck.

42. Susan Aud, Mary Ann Fox, Angelina Kewal Ramani, *Status and Trends in the Education of Racial and Ethnic Groups* (Washington, DC: U.S. Department of Education, July 2010), http://nces.ed.gov/pubs2010/2010015.pdf.

43. 非正规部门通常指经济中不纳税，也不受任何形式的政府监管的部分。对非正规经济的一些定义，参见 Friedrich Schneider, "Size and Measurement of the Informal Economy in 110 Countries around the

World," (paper presented at a Workshop of Australian National Tax Centre, Canberra, Australia, July 17, 2002), www.amnet.co.il/attachments/informal_economy110.pdf。

44. Prison Policy Initiative, "Section III: The Prison Economy," accessed September 30, 2019, www.prisonpolicy.org/blog/2017/04/10/wages; Peter Wagner, *The Prison Index: Taking the Pulse of the Crime Control Industry* (Northampton MA: Western Prison Project and the Prison Policy Initiative, 2003).

45. Chuck Collins, Economic Apartheid in America: A Primer on Economic Inequality and Security (New York: New Press, 2000), 111.

46. Lawrence Mishel and Jessica Schieder, "CEO Compensation Surged in 2017 Report," *Economic Policy Institute*, August 16, 2018, www.epi.org/publication/ceo-compensation-surged-in-2017.

47. Gretchen Gavett, "CEOs Get Paid Too Much, According to Pretty Much Everyone in the World," *Harvard Business Review*, September 23, 2014, https://hbr.org/2014/09/ceos-get-paid-too-much-according-to-pretty-much-everyone-in-the-world.

第六章 "我真想像祖父那样死去"

1. *2014 Life Insurance and Annuity Industry Outlook: Transforming for Growth; Getting Back on Track*, Deloitte Center for Financial Services, 2014, www2.deloitte.com/content/dam/Deloitte/global/Documents/Financial-Services/dttl-fsi-us-Life-Insurance-Outlook-2014-01.pdf.

2. World Bank, "GDP (Current US$)," accessed September 30, 2019, http://data.worldbank.org/indicator/NY.GDP.MKTP.CD.

3. *ACLI 2017 Fact Book* (Washington, DC: American Council of Life Insurers, 2017), chapter 7, www.acli.com/-/media/ACLI/Files/Fact-Books-Public/FB17CH7.ashx?.

4. 根据美国人口的估值计算出的。United States Census Bureau, data tables, accessed September 30, 2019, www.census.gov/popclock/data_tables.php?component=growth.

5. Jennifer Rudden, "Total Number of Life Insurance Policies in Force in the United States from 2008 to 2017 (In Millions)," Statistica, last edited July 17, 2019, www.statista.com/statistics/207651/us-life-insurance-policies-in-force.

6. 定期寿险在固定的时间内提供保险。如果你在此期间过世，保险公司将给你的受益人支付保险金。如果你活过了这段时间，保险公司不需要支付保险金。与此相反，终身寿险没有期限。客户付保险费，而保险公司会在投保人身故时向受益人支付保险金。对不同的保险的简要介绍，参见 Khan Academy, www.khanacademy.org/economics-finance-domain/core-finance/investment-vehicles-tutorial/life-insurance/v/term-life-insurance-and-death-probability。

7. ACLI 2017 Fact Book, chapter 7.

8. Ashley Durham, "2015 Insurance Barometer Study," (LL Global, 2015), www.orgcorp.com/wp-content/uploads/2015-Insurance-Barometer.pdf.

9. First Symetra National Life Insurance Company of New York, "Uniformed Firefighters Association of Greater New York: Summary Plan Description," Uniformed Firefighters Association, revised October 1, 2017, www.ufanyc.org/pdf/ufa_life_insurance_doc.pdf.

10. Centers for Disease Control and Prevention, "Infant Mortality," page last reviewed March 27, 2019, www.cdc.gov/reproductivehealth/

MaternalInfantHealth/InfantMortality.htm; Marian F. MacDorman, T. J. Mathews, Ashna D. Mohangoo, and Jennifer Zeitlin, "International Comparisons of Infant Mortality and Related Factors: United States and Europe, 2010," *National Vital Statistics Reports* 63, no. 5 (2014), www.cdc.gov/nchs/data/nvsr/nvsr63/nvsr63_05.pdf.

11. Elizabeth Arias, Melonie Heron, and Jiaquan Xu, "United States Life Tables, 2013," *National Vital Statistics Reports* 66, no. 3 (2017), www.cdc.gov/nchs/data/nvsr/nvsr66/nvsr66_03.pdf.

12. World Health Organization, "Life Expectancy by Country," last updated April 6, 2018, http://apps.who.int/gho/data/node.main.688?lang=en.

13. Arias, Heron, and Xu, "United States Life Tables, 2013."

14. "Life Insurance: Smoker vs. Non-Smoker," ProFam.com, accessed September 30, 2019, www.profam.com/smoker-vs-non-smoker.asp.

15. Jiaquan Xu, Sherry L. Murphy, Kenneth D. Kochanek, Brigham Bastian, and Elizabeth Arias, "Deaths: Final Data for 2016," *National Vital Statistics Reports* 67, no. 5 (2018), www.cdc.gov/nchs/data/nvsr/nvsr67/nvsr67_05.pdf.

16. 关于针对保险公司的法规背后的逻辑，参见 Ronen Avraham, Kyle D. Logue, and Daniel Benjamin Schwarcz, "Explaining Variation in Insurance Anti-Discrimination Laws," *Law & Economics Working Papers* 82 (2013), http://repository.law.umich.edu/law_econ_current/82。

17. Will Kenton, "Definition of 'Regulatory Capture,' " Investopedia, last updated March 28, 2019, www.investopedia.com/terms/r/regulatory-capture.asp.

18. Ronen Avraham, Kyle D. Logue, and Daniel Benjamin Schwarcz,

"Understanding Insurance Anti-Discrimination Laws," *Law & Economics Working Papers* 52 (2013), http://repository.law.umich.edu/law_econ_current/52.

19. Calculation based on the data in Jiaquan Xu, Sherry L. Murphy, Kenneth D. Kochanek, and Brigham A. Bastian, "Deaths: Final Data for 2013," *National Vital Statistics Reports* 64, no. 2 (2016), table 18, www.cdc.gov/nchs/data/nvsr/nvsr64/nvsr64_02.pdf.

20. Avraham, Logue, and Schwarcz, "Understanding Insurance Anti-Discrimination Laws," 52.

21. Mary L. Heen, "Ending Jim Crow Life Insurance Rates," *Northwestern Journal of Law and Social Policy* 4, no. 2 (2009): 360–99, http://scholarlycommons.law.northwestern.edu/njlsp/vol4/iss2/3.

22. Businessdictionary.com, s.v. "cross subsidization," accessed September 30, 2019, www.businessdictionary.com/definition/cross-subsidization.html.

23. Ashley Durham, "2014 Insurance Barometer Study: Supplemental Data," LIMRA, table 19: 27.

24. 同上。

25. Michael J. Sandel, *What Money Can't Buy: The Moral Limits of Markets* (New York: Farrar, Straus, and Giroux, 2013), 134.

第七章　再年轻一次

1. CNN, "Law Background on the Schiavo Case," March 25, 2005, accessed January 10, 2018, www.cnn.com/2005/LAW/03/25/schiavo.qa.

2. Jonathan Weisman and Ceci Connolly, "Schiavo Case Puts Face on Rising

Medical Costs; GOP Leaders Try to Cut Spending as They Fight to Save One of Program's Patients," *Washington Post*, March 23, 2005, www.washingtonpost.com/wp-dyn/articles/A58069-2005Mar22.html.

3. 也有广义的健康的定义。比如，世界卫生组织的说法是，"健康不仅是没有疾病，而且包括身体健康、心理健康、社会适应良好和道德健康"。Preamble to the Constitution of the World Health Organization, signed at the International Health Conference, New York, July 22, 1946, www.who.int/governance/eb/who_constitution_en.pdf.

4. A summary of healthy choices for living appears at the Centers for Disease Control and Prevention, "Tips for a Safe and Healthy Life," www.cdc.gov/family/tips.

5. The United States President's Emergency Plan for AIDS Relief, "United States Government Global Health Initiative Strategy Document," accessed October 7, 2019, www.state.gov/pepfar.

6. World Bank, *World Development Report 1993: Investing in Health* (New York: Oxford University Press, 1993), https://openknowledge.worldbank.org/handle/10986/5976.

7. Karin Stenberg Henrik Axelson, Peter Sheehan, Ian Anderson, A. Metin Gülmezoglu, Marleen Temmerman, Elizabeth Mason, et al., "Advancing Social and Economic Development by Investing in Women's and Children's Health: A New Global Investment Framework," *The Lancet* 383, no. 9925 (2014): 1333–1354.

8. Agency for Toxic Substances and Disease Registry, "Arsenic Toxicity: What Are the Physiologic Effects of Arsenic Exposure?," last updated January 15, 2010, www.atsdr.cdc.gov/csem/csem.asp?csem=1&po=11.

9. United States Environmental Protection Agency, "Sulfur Dioxide (SO_2)

Pollution," accessed October 7, 2019, www.epa.gov/so2-pollution.

10. 除了质量调整生命年，伤残调整生命年也经常被用于衡量健康。一种疾病或健康状况的伤残调整生命年等于早亡所致生命年损失（YLL）和伤残所致生命年损失（YLD）之和。伤残调整生命年将早亡导致的损失生命年和疾病或残疾导致的生命质量下降年数转换为同一单位。与质量调整生命年类似，伤残调整生命年通过使用范围介于0（完全健康）到1（死亡）的量表，将疾病和早亡合并为一个数字。

11. World Health Organization, "Health Statistics and Information Systems: Disability Weights, Discounting and Age Weighting of DALYs," accessed October 7, 2019, www.who.int/healthinfo/global_burden_disease/DALY_disability_weight/en.

12. Joshua A. Salomon, Juanita A. Haagsma, Adrian Davis, Charline Maertens de Noordhout, Suzanne Polinder, Arie H. Havelaar, Alessandro Cassini, et al., "Disability Weights for the Global Burden of Disease 2013 Study," *The Lancet Global Health* 3, no. 11 (2015): e712–723.

13. Centers for Medicare and Medicaid Services, "U.S. Personal Health Care Spending by Age and Gender: 2010 Highlights," accessed October 7, 2019, www.cms.gov/Research-Statistics-Data-and-Systems/Statistics-Trends-and-Reports/NationalHealthExpendData/Downloads/2010AgeandGenderHighlights.pdf.

14. V. Fuchs, "Provide, Provide: The Economics of Aging" (NBER working paper no. 6642, National Bureau of Economic Research, Cambridge, MA, 1998).

15. Christopher Hogan, June Lunney, Jon Gabel and Joanne Lynn, "Medicare Beneficiaries' Costs of Care in the Last Year of Life," *Health Affairs* 20, no. 4

(July 2001): 188–195.

16. 对质量调整生命年和其他基本的卫生经济学术语的简单介绍，参见 M. F. Drummond, M. J. Sculpher, G. W. Torrance, B. J. O'Brien, and G. L. Stoddart, *Methods for the Economic Evaluation of Health Care Programmes* (Oxford: Oxford University Press, 2005)。

17. 卫生经济学家认为一些健康状况甚至不如死亡，因此质量调整生命年为负值。

18. National Institute for Health and Care Excellence, Glossary, s.v. "quality-adjusted life year," accessed October 7, 2019, www.nice.org.uk/glossary?letter=q.

19. EuroQol, "EQ-5D User Guide Version 2.0," 2009, accessed October 7, 2019, https://euroqol.org/wp-content/uploads/2019/09/EQ-5D-5L-English-User-Guide_version-3.0-Sept-2019-secured.pdf.

20. M. C. Weinstein, G. Torrance, and A. McGuire, "QALYs: The Basics," in "Moving the QALY Forward: Building a Pragmatic Road," special issue, *Value in Health* 12, no. S1 (2009): S5–59, http://onlinelibrary.wiley.com/doi/10.1111/j.1524-4733.2009.00515.x/epdf.

21. E. Nord, J. L. Pinto, J. Richardson, P. Menzel, and P. Ubel, "Incorporating Societal Concerns for Fairness in Numerical Valuations of Health Programmes," *Health Economics* 8, no. 1 (1999): 25–39; J. Coast, "Is Economic Evaluation in Touch with Society's Health Values?," *BMJ* 329 (2004): 1233–1236, www.med.mcgill.ca/epidemiology/courses/EPIB654/Summer2010/Policy/Coast%20BMJ%202004.pdf.

22. M. L. Berger, K. Bingefors, E. C. Hedblom, C. L. Pashos, and G. W. Torrance, *Health Care Cost, Quality, and Outcomes: ISPOR Book of Terms* (Lawrenceville, NJ: ISPOR, 2003).

23. K. Arrow, R. Solow, P. R. Portney, E. E. Leamer, R. Radner, and H. Schuman, "Report of the NOAA Panel on Contingent Valuation," *Federal Register* 58, no. 10 (1993): 4601–4614, www.economia.unimib.it/DATA/moduli/7_6067/materiale/noaa%20report.pdf.

24. Centers for Disease Control and Prevention, "National Health Expenditures Fact Sheet," last modified April 26, 2019, www.cms.gov/research-statistics-and-systems/statistics-trends-and-reports/nationalhealthexpenddata/nhe-fact-sheet.html.

25. OECD, "Health Spending," 2017, https://data.oecd.org/healthres/health-spending.htm. 需要注意的是，随着国家越来越富裕，医疗卫生支出的占比在上升，参见 William Baumol, *The Cost Disease* (New Haven CT: Yale University Press, 2013)。

26. *Fortune*, "Fortune 500," http://fortune.com/fortune500.

27. Henry J. Kaiser Family Foundation, "Key Facts about the Uninsured Population," December 12, 2018, www.kff.org/uninsured/fact-sheet/key-facts-about-the-uninsured-population.

28. OECD, "Measuring Health Coverage," accessed October 7, 2019, www.oecd.org/els/health-systems/measuring-health-coverage.htm.

29. OECD, "Social Expenditure Update," November 2014, www.oecd.org/els/soc/OECD2014-Social-Expenditure-Update-Nov2014-8pages.pdf.

30. OECD, "Life Expectancy at Birth," accessed October 7, 2019, https://data.oecd.org/healthstat/life-expectancy-at-birth.htm.

31. 同上。

32. World Bank, "Maternal Mortality Ratio (Modeled Estimate, per 100,000 Live Births)," accessed October 7, 2019, http://data.worldbank.org/

indicator/SH.STA.MMRT?order=wbapi_data_value_2015+wbapi_data_value+wbapi_data_value-last&sort=asc.

33. Christopher J. L. Murray, Sandeep C. Kulkarni, Catherine Michaud, Niels Tomijima, Maria T. Bulzacchelli, and Terrell J. Iandiorio, Majid Ezzati, "Eight Americas: Investigating Mortality Disparities across Races, Counties, and Race-Counties in the United States," *PLOS Medicine* 3, no. 9 (2006): e260, http://journals.plos.org/plosmedicine/article?id=10.1371/journal.pmed.0030260.

34. 更详细的讨论，参见 Howard Steven Friedman, *Measure of a Nation* (New York: Prometheus Books, 2012)。

35. T. J. Mathews and M. F. MacDorman, "Infant Mortality Statistics from the 2010 Period Linked Birth/Infant Death Data Set," *National Vital Statistics Reports* 62, no. 8 (2013), www.cdc.gov/mmwr/preview/mmwrhtml/mm6301a9.htm; Centers for Disease Prevention and Control, "Pregnancy Mortality Surveillance System," last reviewed June 4, 2019, www.cdc.gov/reproductivehealth/maternalinfanthealth/pmss.html.

36. McKinsey Global Institute, "Accounting for the Cost of U.S. Healthcare: A New Look at Why Americans Spend More," December 2008, www.mckinsey.com/mgi/publications/us_healthcare/index.asp.

37. Laura D. Hermer and Howard Brody, "Defensive Medicine, Cost Containment, and Reform," *Journal of General Internal Medicine* 25, no. 5 (2010): 470–473. www.ncbi.nlm.nih.gov/pmc/articles/PMC2855004.

38. 对《平价医疗法案》的简单介绍，参见 U.S. Department of Health and Human Services, "Health Care," accessed October 7, 2019, www.hhs.gov/healthcare/about-the-aca/index.html。

39. H. A. Glick, S. McElligott, M. V. Pauly, R.J. Willke, H. Bergquist, J. Doshi,

L. A. Fleisher et al., "Comparative Effectiveness and Cost-Effectiveness Analyses Frequently Agree on Value," *Health Affairs* 34, no. 5 (2015 May): 805–811.

40. Persad Govind, "Priority Setting, Cost-Effectiveness, and the Affordable Care Act," *American Journal of Law and Medicine* 41, no. 1 (2015): 119–166, http://scholarship.law.georgetown.edu/cgi/viewcontent.cgi?article=25 21&context=facpub.

41. Soneji Samir and Yang JaeWon, "New Analysis Reexamines the Value of Cancer Care in the United States Compared to Western Europe," *Health Affairs (Project Hope)* 34 no. 3 (2015): 390–397.

42. National Institute for Health and Care Excellence, "The Guidelines Manual: Process and Methods; 7 Assessing Cost Effectiveness," November 2012, www.nice.org.uk/article/pmg6/chapter/7-assessing-cost-effectiveness.

43. Usa Chaikledkaew and Kankamon Kittrongsiri, "Guidelines for Health Technology Assessment in Thailand (Second Edition)—The Development Process," *Journal of the Medical Association of Thailand* 97, suppl. 5 (2014): S4–9.

44. World Health Organization, "Tracking Universal Health Coverage: First Global Monitoring Report," 2015, http://apps.who.int/iris/bitstre am/10665/174536/1/9789241564977_eng.pdf.

45. Avik Roy, "Conservative Think Tank: 10 Countries with Universal Health Care Have Freer Economies Than the U.S.," *Forbes*, January 27, 2015, www.forbes.com/sites/theapothecary/2015/01/27/conservative-think-tank-10-countries-with-universal-health-care-are-economically-freer-than-the-u-s.

46. Healthcare.gov, "Essential Health Benefits," accessed October 7, 2019, www.healthcare.gov/glossary/essential-health-benefits.

47. David U. Himmelstein, Deborah Thorne, Elizabeth Warren, and Steffie Woolhandler, "Medical Bankruptcy in the United States, 2007: Results of a National Study," *American Journal of Medicine* 122, no. 8 (2009): 741–46, www.pnhp.org/new_bankruptcy_study/Bankruptcy-2009.pdf.

48. Henry J. Kaiser Family Foundation, "Key Facts."

49. Zack Cooper, Stuart Craig, Martin Gaynor, and John Van Reenen, "The Price Ain't Right? Hospital Prices and Health Spending on the Privately Insured," (NBER working paper no. 21815, National Bureau of Economic Research, Cambridge, MA, December 2015), www.healthcarepricingproject.org/sites/default/files/pricing_variation_manuscript_0.pdf.

50. Yosuke Shimazono, "The State of the International Organ Trade: A Provisional Picture Based on Integration of Available Information," *Bulletin of the World Health Organization* 85, no. 12 (December 2007): 955–962, www.who.int/bulletin/volumes/85/12/06-039370/en.

第八章　我们生得起孩子吗？

1. Mark Lino, "Expenditures on Children by Families, 2013," United States Department of Agriculture, Center for Nutrition Policy and Promotion, Miscellaneous Publication No. 1528–2003, April 2004, https://fns-prod.azureedge.net/sites/default/files/expenditures_on_children_by_families/crc2003.pdf. 中产家庭指税前收入在 61 530 美元到 106 540 美元之间的家庭。

2. 一个关键的例外是，大约五十万名儿童在自家农场劳作，这个领域对童工的限制最小。United States Department of Labor, "Youth and Labor: Agricultural Employment," accessed October 7, 2019, www.dol.gov/dol/topic/youthlabor/agriculturalemployment.htm; United States

Department of Labor, "Agricultural Operations," Occupational Safety and Health Administration, accessed October 7, 2019, www.osha.gov/dsg/topics/agriculturaloperations.

3. University of Iowa Labor Center, "Child Labor Public Education Project: Child Labor in U.S. History," accessed October 7, 2019, https://laborcenter.uiowa.edu/special-projects/child-labor-public-education-project/about-child-labor/child-labor-us-history.

4. 在美国，关键转折点是《公平劳动标准法案》(1938 年)，该法案规定了儿童合法工作的时间。《儿童权利公约》(1989 年)使这个转变在全球范围内正式确立。该公约定义了未成年人的公民权利、政治权利、经济权利、社会权利、健康权利和文化权利。Convention on the Rights of the Child, 1577 U.N.T.S. 3 (1989), www.ohchr.org/en/professionalinterest/pages/crc.aspx. 2016 年，除了美国，联合国的其他成员国都签署了该公约，参见 United Nations Human Rights Office of the High Commissioner, "Convention on the Rights of the Child," accessed October 7, 2019, www.ohchr.org/en/professionalinterest/pages/crc.aspx。

5. 接受不孕不育治疗在接近 40 岁和 40 岁出头的女性当中非常普遍，因为在育龄期末期，女性的不孕不育率急剧上升。American Society for Reproductive Medicine, "Age and Fertility: A Guide for Patients," 2012, www.reproductivefacts.org/globalassets/rf/news-and-publications/bookletsfact-sheets/english-fact-sheets-and-info-booklets/Age_and_Fertility.pdf.

6. 体外受精的费用包括一个受孕周期的花费（平均为 1.2 万美元左右）、药费（可能高达 5 000 美元）和一次胚胎植入前基因诊断的费用（6 000 美元）。Jennifer Gerson Uffalussy, "The Cost of IVF: 4 Things I Learned While Battling Infertility," *Forbes Personal Finance*,

February 6, 2014, www.forbes.com/sites/learnvest/2014/02/06/the-cost-of-ivf-4-things-i-learned-while-battling-infertility.

7. 代孕母亲的收入通常不到上面的一半，一半以上的开销用于支付代理机构的中介费和法律费用。West Coast Surrogacy, "Surrogate Mother Costs," accessed October 7, 2019, www.westcoastsurrogacy.com/surrogate-program-for-intended-parents/surrogate-mother-cost; WebMD, "Using a Surrogate Mother: What You Need to Know," accessed October 7, 2019, www.webmd.com/infertility-and-reproduction/guide/using-surrogate-mother?page=2.

8. Michael Sandel, *Justice: What's the Right Thing to Do?* (New York: Farrar, Straus, and Giroux, 2008).

9. U.S. Department of Health and Human Services, Child Welfare Information Gateway, "Foster Care Statistics 2017," accessed October 7, 2019, www.childwelfare.gov/pubPDFs/foster.pdf.

10. U.S. Department of Health and Human Services, Centers for Disease Control and Prevention, "Effectiveness of Family Planning Methods," accessed October 7, 2019, www.cdc.gov/reproductivehealth/unintendedpregnancy/pdf/contraceptive_methods_508.pdf.

11. William C. Shiel Jr., "Medical Definition of Spontaneous Abortion," Medicinenet, reviewed December 11, 2018, www.medicinenet.com/script/main/art.asp?articlekey=17774.

12. Center for Reproductive Rights, "The World's Abortion Laws," last updated April 26, 2019, http://worldabortionlaws.com.

13. 有一个州规定，在母亲的生命受到威胁或怀孕是强奸造成的情况下，堕胎是合法的。

14. Rachel Benson Gold, "Lessons from before Roe: Will Past Be Prologue?,"

Guttmacher Report on Public Policy 6, no. 1 (March 2003): 8–11, www. guttmacher.org/pubs/tgr/06/1/gr060108.html.

15. Roe v. Wade, 410 U.S. 113 (1973), www.law.cornell.edu/supremecourt/ text/410/113.

16. I. Seri and J. Evans, "Limits of Viability: Definition of the Gray Zone," in "Proceedings of the 4th Annual Conference 'Evidence vs Experience in Neonatal Practice,' " supplement, *Journal of Perinatology* 28 no. S1 (May 2008): S4–8.

17. H. C. Glass, A. T. Costarino, S. A. Stayer, C. M. Brett, F. Cladis, and P. J. Davis, "Outcomes for Extremely Premature Infants," *Anesthesia & Analgesia* 120, no. 6 (2015): 1337–1351.

18. Canwest News Service, "Miracle Child," February 11, 2006.

19. Lydia Saad, "Trimesters Still Key to U.S. Abortion Views," Gallup Politics, June 13, 2018, https://news.gallup.com/poll/235469/trimesters-key-abortion-views.aspx.

20. Guttmacher Institute, "State Policies in Brief: Abortion Bans in Cases of Sex or Race Selection or Genetic Anomaly," last updated October 1, 2019, www.guttmacher.org/state-policy/explore/abortion-bans-cases-sex-or-race-selection-or-genetic-anomaly.

21. FindLaw, "Aggravated Assault," accessed October 7, 2019, http://criminal. findlaw.com/criminal-charges/aggravated-assault.html.

22. National Conference of State Legislators, "State Laws on Fetal Homicide and Penalty-Enhancement for Crimes Against Pregnant Women," May 1, 2018, www.ncsl.org/research/health/fetal-homicide-state-laws.aspx.

23. Cal. Pen. Code § 187–199, https://leginfo.legislature.ca.gov/faces/codes_

displayText.xhtml?lawCode=PEN&division=&title=8.&part=1.&chapter= 1.&article.

24. R.I. Gen. Laws §11-23-5, http://webserver.rilin.state.ri.us/Statutes/ title11/11-23/11-23-5.htm.

25. Webster v. Reproductive Health Services, 492 US 490 (1989), www.law. cornell.edu/supremecourt/text/492/490.

26. Jaime L. Natoli, Deborah L. Ackerman, Suzanne McDermott, Janice G. Edwards, "Prenatal Diagnosis of Down Syndrome: A Systematic Review of Termination Rates (1995–2011)," *Prenatal Diagnosis* 32, no. 2 (2012): 142–53; Centers for Disease Control and Prevention, "Reproductive Health Data and Statistics," last reviewed September 24, 2019, www.cdc.gov/ reproductivehealth/data_stats.

27. David Plotz, "The 'Genius Babies,' and How They Grew," *Slate*, February 8, 2001, www.slate.com/articles/life/seed/2001/02/the_genius_babies_and_ how_they_grew.html.

28. Addgene, "CRISPR Guide," accessed October 7, 2019, www.addgene.org/ CRISPR/guide.

29. 虽然有些文化重女轻男，但总体而言，被打掉的女胎远多于男胎， 因此本章将重点关注这种现象。

30. Woojin Chung and Monica Das Gupta, "Why Is Son Preference Declining in South Korea?" (World Bank Policy Research Working Paper No. 4373, World Bank Development Research Group, Human Development and Public Services Team, October 2007); Klaus Deininger, Aparajita Goyal, and Hari Nagarajan, "Inheritance Law Reform and Women's Access to Capital: Evidence from India's Hindu Succession Act" (World Bank Policy Research Working Paper No. 5338, June 1, 2010).

31. World Bank, "Fertility Rate, Total (Births per Woman)," accessed October 7, 2019, http://data.worldbank.org/indicator/SP.DYN.TFRT.IN.

32. For a comprehensive discussion of the impacts of sex selection and excessive female mortality, see John Bongaarts and Christophe Z. Guilmoto, "How Many More Missing Women? Excess Female Mortality and Prenatal Sex Selection, 1970–2050," *Population and Development Review* 41, no. 2 (June 2015): 241–269, http://onlinelibrary.wiley.com/doi/10.1111/j.1728–4457.2015.00046.x/pdf.

33. L. S. Vishwanath, "Female Infanticide, Property and the Colonial State," in *Sex-Selective Abortion in India: Gender, Society and New Reproductive Technologies*, ed. Tulsi Patel, 269–85 (New Delhi, India: SAGE Publications India, 2007); D. E. Mungello, *Drowning Girls in China: Female Infanticide in China since 1650* (Lanham, MD: Rowman & Littlefield, 2008).

34. Ministry of Health of the Socialist Republic of Vietnam and the United Nations Population Fund, "Report of the International Workshop on Skewed Sex Ratios at Birth: Addressing the Issue and the Way Forward" (conference report, International Workshop on Skewed Sex Ratios at Birth, United Nations Population Fund, Ha Noi, Vietnam, October 5–6, 2011), www.unfpa.org/webdav/site/global/shared/documents/publications/2012/Report_SexRatios_2012.pdf.

35. 在东欧，男女出生性别比的提升与这些国家需要更多的男性来替代移民到其他国家的男性，还需要男性服兵役有关。

36. World Bank, "Sex Ratio at Birth, (Male Births per Female Births)," accessed October 7, 2019, https://data.worldbank.org/indicator/SP.POP.BRTH.MF.

37. Christophe Guilmoto, "Characteristics of Sex-Ratio Imbalance in India and Future Scenarios" (report presented at the 4th Asia Pacific Conference

on Reproductive and Sexual Health and Rights, October 29–31, 2007, Hyderabad, India), www.unfpa.org/gender/docs/studies/india.pdf. 注意，旁遮普的人均国内生产总值只略高于全国平均水平。

38. Chung and Gupta, "Why Is Son Preference Declining in South Korea?"

39. Ministry of Health of the Socialist Republic of Vietnam and the United Nations Population Fund, "Report of the International Workshop on Skewed Sex Ratios at Birth."

40. W. C. Tse, K. Y. Leung, and Beatrice K. M. Hung, "Trend of Sex Ratio at Birth in a Public Hospital in Hong Kong from 2001 to 2010," *Hong Kong Medical Journal* 19, no. 4 (2013): 305–310, www.hkmj.org/system/files/hkm1308p305.pdf; *Sex Ratio at Birth: Imbalances in Vietnam* (Hanoi: UNFPA Viet Nam, 2010), https://vietnam.unfpa.org/en/publications/sex-ratio-birth-imbalances-viet-nam.

41. James F. X. Egan, Winston A. Campbell, Audrey Chapman, Alireza A. Shamshirsaz, Padmalatha Gurram, and Peter A. Ben, "Distortions of Sex Ratios at Birth in the United States; Evidence for Prenatal Gender Selection," *Prenatal Diagnosis* 31 (2011): 560–565, www.nrlc.org/uploads/sexselectionabortion/UofCTPrenatalDiagnosisStudy.pdf.

42. Lisa Wong Macabasco, "Many Asian American Women Accept Abortion as a Practical Way out of an Unwanted Situation," *Hyphen*, April 16, 2010, www.hyphenmagazine.com/magazine/issue-20-insideout/choice-made.

43. Christophe Z. Guilmoto, "The Sex Ratio Transition in Asia," *Population and Development Review* 35, no. 3 (September 2009): 519–549.

44. Ministry of Health of the Socialist Republic of Vietnam and the United Nations Population Fund, "Report of the International Workshop on Skewed Sex Ratios at Birth."

45. Pre-Natal Diagnostic Techniques (Regulation and Prevention of Misuse) Act, 1994, Act No. 57 of 1994, http://chdslsa.gov.in/right_menu/act/pdf/PNDT.pdf.

46. 禁止性别选择性堕胎的州有亚利桑那州、阿肯色州、堪萨斯州、密苏里州、北卡罗来纳州、俄克拉何马州、宾夕法尼亚州、南达科他州。National Asian Pacific American Women's Forum, "Race and Sex Selective Abortion Bans: Wolves in Sheep's Clothing," July 2013, https://aapr.hkspublications.org/2014/06/03/wolves-in-sheeps-clothing-the-impact-of-sex-selective-abortion-bans-on-asian-american-and-pacific-islander-women.

47. John Bongaarts, "The Implementation of Preferences for Male Offspring," *Population and Development Review* 39, no. 2 (June 2013): 185–208.

48. 同上。

49. Mara Hvistendahl, Unnatural Selection: Choosing Boys over Girls, and the Consequences of a World Full of Men (New York: PublicAffairs, 2012), 225.

50. Danièle Bélanger and Hong-Zen Wang, "Transnationalism from Below: Evidence from Vietnam-Taiwan Cross-Border Marriages," *Asian and Pacific Migration Journal* 21, no. 3 (2012): 291–316.

51. United Nations, "We Can End Poverty: Millennium Development Goals and Beyond 2015," accessed October 21, 2019, www.un.org/millenniumgoals/gender.shtml.

52. John Bongaarts, "The Causes of Educational Differences in Fertility in Sub-Saharan Africa," *Education and Demography* 8 (2010), 31–50; Anrudh K. Jain, "The Effect of Female Education on Fertility: A Simple Explanation," *Demography* 18, no. 4 (November 1981): 577–595. 根据国家间总和生育率算出的皮尔逊相关系数是 –0.72（Central Intelligence Agency,

"World Factbook," accessed January 10, 2019, www.cia.gov/library/publications/the-world-factbook/rankorder/2127rank.html) and the country-level expected number of years of education (United Nations, "International Human Development Indicators," accessed January 10, 2019, http://hdr.undp.org/en/data)。

53. United Nations Population Division, "World Population Prospects 2017," accessed October 7, 2019, https://population.un.org/wpp/Publications/Files/WPP2017_DataBooklet.pdf.

第九章 失灵的计算器

1. Institute for Health Metrics and Evaluation, "GBD Compare," accessed October 10, 2019, http://vizhub.healthdata.org/gbd-compare.

2. Daniel Kahneman and Amos Tversky, "Prospect Theory: An Analysis of Decision under Risk," *Econometrica* 47, no. 2 (March 1979): 263–291, www.its.caltech.edu/~camerer/Ec101/ProspectTheory.pdf.

3. National Research Council, *Improving Risk Communication* (Washington, DC: National Academy Press, 1989); D. A. Small, and G. Loewenstein, "Helping the Victim or Helping a Victim: Altruism and Identifiability," *Journal of Risk and Uncertainty* 26, no. 1 (2003): 5–16.

4. Quote Investigator, "A Single Death is a Tragedy; a Million Deaths is a Statistic," May 21, 2010, http://quoteinvestigator.com/2010/05/21/death-statistic.

5. Paul Slovic, "If I Look at the Mass I Will Never Act: Psychic Numbing and Genocide," *Judgment and Decision Making* 2, no. 2 (2007): 79–95.

6. 这个数字依据的是国际劳工组织的估计（每年约有一万两千名矿

工遇难），参见 Olivia Lang, "The Dangers of Mining around the World," *BBC News*, October 14, 2010, www.bbc.com/news/world-latin-america-11533349。

7. *CNN*, "Syrian Civil War Fast Facts," May 3, 2018, www.cnn.com/2013/08/27/world/meast/syria-civil-war-fast-facts/index.html.

8. Helena Smith, "Shocking Images of Drowned Syrian Boy Show Tragic Plight of Refugees," *Guardian*, September 2, 2015, www.theguardian.com/world/2015/sep/02/shocking-image-of-drowned-syrian-boy-shows-tragic-plight-of-refugees.

9. Quoted in *Fog of War: Eleven Lessons from the Life of Robert S. McNamara*, directed by Errol Morris, released May 21, 2003, transcript accessed October 10, 2019, www.errolmorris.com/film/fow_transcript.html.

10. 从统计数据转向讨论具体的人的力量，同样体现在媒体对"9·11"事件的反应上。遇难者是拥有家人、朋友和梦想的个体。为了帮助世界了解这次袭击造成的损失，《纽约时报》开辟了一个名为"悲伤的画像"的系列专题报道，记载了他们的生平。"9/11: The Reckoning," *New York Times*, accessed October 10, 2019, www.nytimes.com/interactive/us/sept-11-reckoning/portraits-of-grief.html.

11. Paul Bloom, *Against Empathy* (New York: HarperCollins, 2016).

12. 想了解更多，参见 Richard Dawkins, *The Selfish Gene*, 30th anniversary ed. (Oxford: Oxford University Press, 2006)。

13. 一些人认为，道德进步会使我们关心的圈子扩大，直到我们关心所有人，不管是在世的，还是将会降临到世界上的。我们或许可以期待，在未来，人们不仅会同情人类，也会同情所有有情感的生命，所有动物，乃至所有生物。Jeremy Rifkin, *The Empathic Civilization: The Race to Global Consciousness in a World in Crisis* (New

York: Penguin, 2009); Paul R. Ehrlich and Robert E. Ornstein, *Humanity on a Tightrope* (New York: Rowman and Littlefield, 2010).

14. 第二次世界大战期间，在美国国内，成千上万名日裔美国公民被关进集中营。

15. Tom Brokaw, *The Greatest Generation* (New York: Random House, 1998).

16. History.com, "Bombing of Dresden," November 9, 2009, www.history.com/topics/world-war-ii/battle-of-dresden.

17. Iris Chang, *The Rape of Nanking: The Forgotten Holocaust of World War II* (New York: Basic Books, 1997). 南京大屠杀遇难同胞纪念馆展示了日本媒体对日本军人"百人斩比赛"的报道。

18. National World War II Museum, "Research Starters: Worldwide Deaths in World War II," accessed October 10, 2019, www.nationalww2museum.org/learn/education/for-students/ww2-history/ww2-by-the-numbers/world-wide-deaths.html.

19. Charles Hirshman, Samuel Preston, and Vu Mahn Loi, "Vietnamese Casualties during the American War: A New Estimate," *Population and Development Review* 21, no. 4 (December 1995): 783–812, https://faculty.washington.edu/charles/new%20PUBS/A77.pdf. 1995 年，越南官方公布的死亡人数是三百一十万（一百一十万名军人和两百万名平民），参见 Philip Shenon, "20 Years after Victory, Vietnamese Communists Ponder How to Celebrate," *New York Times*, April 23, 1995, www.nytimes.com/1995/04/23/world/20-years-after-victory-vietnamese-communists-ponder-how-to-celebrate.html。

20. Theodore H. Draper, "The True History of the Gulf War," *New York Review of Books*, January 30, 1992, www.nybooks.com/articles/1992/01/30/the-true-history-of-the-gulf-war.

21. Joseph Stiglitz and Linda Bilmes, *The Three Trillion Dollar War* (New York: W. W. Norton, 2008).

22. A. Hagopian, A. D. Flaxman, T. K. Takaro, A. I. Esa, S. A. Shatari, J. Rajaratnam, S. Becker, et al., "Mortality in Iraq Associated with the 2003–2011 War and Occupation: Findings from a National Cluster Sample Survey by the University Collaborative Iraq Mortality Study," *PLOS Medicine* 10, no. 10 (2013): e1001533, http://journals.plos.org/plosmedicine/article?id=10.1371/journal.pmed.1001533.

23. American Civil Liberties Union, "Al-Aulaqi V. Panetta—Constitutional Challenge to Killing of Three U.S. Citizens," June 4, 2014, www.aclu.org/cases/al-aulaqi-v-panetta-constitutional-challenge-killing-three-us-citizens.

24. Jeremy Scahill, "The Assassination Complex," *The Intercept*, October 15, 2015, https://theintercept.com/drone-papers/the-assassination-complex.

25. Micah Zenko, *Reforming U.S. Drone Strike Policies* (New York: Council on Foreign Relations, January 2013), www.cfr.org/report/reforming-us-drone-strike-policies.

26. 政治家往往没有授权开展军事行动的经验。民选官员几乎没有在军队中服过役，参加过战争的更少。情况并不总是如此。从 1945 年到 1979 年的历任美国总统都有过一些军事经验。1980 年里根当选以来，唯一有战争经验的三军统帅是乔治·H. W. 布什。这反映了美国军队从征兵制到募兵制的转变，也反映了在两次世界大战期间应征入伍的几代人相继离世。

民选官员的家人同样缺乏军事经验。2003 年伊拉克战争前夕，只有一名美国参议员的孩子在军队服役。参议员和众议员的子女一般不服兵役，中上层家庭的孩子也很少服兵役。因此，最有可能影响外交政策的，恰恰是那些最不了解士兵处境的人。

从政治家的角度来看，军人的牺牲大多是不可识别的死亡。因此在政策制定者看来，牺牲的军人的生命价值不如可识别的人的生命价值。假设这样一个战争场景，总统知道每个即将牺牲的军人的名字和相貌，而且在做出开战决定时，议员和总统必须立即为这些人的死亡而亲自向他们及其家人道歉，那会怎样？战争还会发生吗？

27. Eric Schmitt and Charlie Savage, "Bowe Bergdahl, American Soldier, Freed by Taliban in Prisoner Trade," *New York Times*, May 31, 2014, www.nytimes.com/2014/06/01/us/bowe-bergdahl-american-soldier-is-freed-by-taliban.html.

28. Michael Ames, "What the Army Doesn't Want You to Know about Bowe Bergdahl," *Newsweek*, January 27, 2016, www.newsweek.com/2016/02/05/serial-bowe-bergdahl-mystery-pow-419962.html.

29. Ben Quinn, "Gilad Shalit Freed in Exchange for Palestinian Prisoners," *Guardian*, October 18, 2011, www.theguardian.com/world/2011/oct/18/gilad-Shalit-palestine-prisoners-freed; Ethan Bronner, "Israel and Hamas Agree to Swap Prisoners for Soldier," *New York Times*, October 10, 2017, www.nytimes.com/2011/10/12/world/middleeast/possible-deal-near-to-free-captive-israeli-soldier.html.

30. Centers for Disease Control and Prevention, "2014 Ebola Outbreak in West Africa Epidemic Curves," last reviewed April 3, 2019, www.cdc.gov/vhf/ebola/outbreaks/2014-west-africa/cumulative-cases-graphs.html.

31. World Health Organization, "Ebola Situation Reports," accessed October 10, 2019, http://apps.who.int/ebola/ebola-situation-reports.

32. 谷歌趋势显示，从 2014 年 7 月最后一周开始，"埃博拉"在美国的搜索量飙升。

33. 国际旅游数据显示，埃博拉疫情最严重的国家（塞内加尔、利比里亚、几内亚）每年接待的游客不到二十万人。World Bank, "International Tourism, Number of Arrivals," accessed October 10, 2019, http://data.worldbank.org/indicator/ST.INT.ARVL.

34. *RTÉ News*, "Paris Attacks Death Toll Rises to 130," November 20, 2015, www.rte.ie/news/2015/1120/747897-paris.

35. U.S. Department of Commerce, International Trade Administration, "Profile of U.S. Resident Travelers Visiting Overseas Destinations: 2014 Outbound," accessed October 10, 2019, http://travel.trade.gov/outreachpages/download_data_table/2014_Outbound_Profile.pdf.

36. Liz O'Connor, Gus Lubin, and Dina Spector, "The Largest Ancestry Groups in the United States," *Business Insider*, August 13, 2013, www.businessinsider.com/largest-ethnic-groups-in-america-2013-8.

37. 这可能也与缅甸政府对国际组织的态度有关。

38. Maria Konnikova, "The Limits of Friendship," *New Yorker*, October 7, 2014, www.newyorker.com/science/maria-konnikova/social-media-affect-math-dunbar-number-friendships.

39. Kaggle 公司的"泰坦尼克"号机器学习竞赛项目的最佳解法表明，这些是建立幸存者预测模型最重要的参数。参见 Kaggle, "Titanic: Machine Learning from Disaster," accessed October 10, 2019, www.kaggle.com/c/titanic。

40. Titanic Facts, "Titanic Survivors," accessed October 10, 2019, www.titanicfacts.net/titanic-survivors.html.

41. Amos Tversky and Daniel Kahneman, "The Framing of Decisions and the Psychology of Choice," *Science*, n.s., 211, no. 4481 (January 1981): 453–458, http://psych.hanover.edu/classes/cognition/papers/tversky81.pdf.

42. Kahneman and Tversky, "Prospect Theory."

43. Paul Slovic, Melissa Finucane, Ellen Peters, and Donald G. MacGregor, "The Affect Heuristic," in *Heuristics and Biases: The Psychology of Intuitive Judgement*, ed. Thomas Gilovich, Dale W. Griffin, and Daniel Kahneman, 397–420 (Cambridge: Cambridge University Press, 2002), 408.

44. William H. Desvousges, F. Reed Johnson, Richard W. Dunford, Sara P. Hudson, K. Nicole Wilson, and Kevin J. Boyle, "Measuring Natural Resource Damages with Contingent Valuation: Tests of Validity and Reliability," in *Contingent Valuation: A Critical Assessment*, ed. Jerry A. Hausman (Amsterdam: North-Holland, 1993), 91–114, www.emeraldinsight.com/doi/pdfplus/10.1108/S0573–8555(1993)0000220006.

45. W. Kip Viscusi, *Pricing Lives* (Princeton: Princeton University Press, 2018), 56.

46. Kendra Cherry, "How the Availability Heuristic Affects Decision Making," Verywell Mind, last updated September 5, 2019, http://psychology.about.com/od/aindex/g/availability-heuristic.htm.

47. Steven Pinker, The Better Angels of Our Nature: Why Violence Has Declined (New York: Penguin Books, 2012).

48. Philippa Foot, The Problem of Abortion and the Doctrine of the Double Effect in Virtues and Vices (Oxford: Basil Blackwell, 1978).

49. April Bleske-Rechek, Lyndsay A. Nelson, Jonathan P. Baker, Mark W. Remiker, and Sarah J. Brandt, "Evolution and the Trolley Problem: People Save Five over One Unless the One Is Young, Genetically Related, or a Romantic Partner," *Journal of Social, Evolutionary, and Cultural Psychology* 4, no. 3 (September 2010): 115–127, www.bleske-rechek.com/April%20Website%20Files/BleskeRechek%20et%20al.%202010%20JSEC%20Trolley%20Problem.pdf.

第十章　接下来是什么？

1. Isaiah Berlin Virtual Library, "Quotations from Isaiah Berlin," accessed October 10, 2019, http://berlin.wolf.ox.ac.uk/lists/quotations/quotations_from_ib.html; Nicholas Kristof, "Mizzou, Yale and Free Speech," *New York Times*, November 11, 2015, www.nytimes.com/2015/11/12/opinion/mizzou-yale-and-free-speech.html.

2. Frank Ackerman and Lisa Heinzerling, Priceless: On Knowing the Price of Everything and the Value of Nothing (New York: New Press, 2005).

3. Mark Zuckerberg, "A Letter to Our Daughter," December 1, 2015, www.facebook.com/notes/mark-zuckerberg/a-letter-to-our-daughter/10153375081581634.

4. Bill and Melinda Gates Foundation, "Who We Are," accessed January 8, 2019, www.gatesfoundation.org/Who-We-Are.

5. Howard Friedman, *Measure of a Nation* (New York: Prometheus Press, 2012).

6. United Nations General Assembly, Universal Declaration of Human Rights, December 10, 1948, www.un.org/en/universal-declaration-human-rights.

7. World Bank, "Forty Years Later: The Extraordinary River Blindness Partnership Sets Its Sights on New Goals," July 3, 2014, www.worldbank.org/en/news/feature/2014/07/03/forty-years-later-the-extraordinary-river-blindness-partnership-sets-its-sights-on-new-goals.

8. Bjorn Thylefors, "Onchocerciasis: Impact of Interventions," *Community Eye Health* 14, no. 38 (2001): 17–19, www.ncbi.nlm.nih.gov/pmc/articles/PMC1705922.

延伸阅读

本书涉及许多话题，有兴趣进一步了解的读者，可以参考这份书单。

成本效益分析

Ackerman, Frank. *Poisoned for Pennies: The Economics of Toxics and Precaution*. Washington, DC: Island Press, 2008.

Ackerman, Frank, and Lisa Heinzerling. *Priceless: On Knowing the Price of Everything and the Value Of Nothing*. New York: New Press, 2005.

Boardman, Anthony, David Greenberg, Aidan Vining, and David Weimer. *Cost-Benefit Analysis Concepts and Practice*. London: Pearson Publishing, 2011.

Sunstein, Cass R. *The Cost-Benefit Revolution*. Cambridge, MA: MIT Press, 2018.

——. *Valuing Life: Humanizing the Regulatory State*. Chicago: University of Chicago Press, 2014.

受害者赔偿

Feinberg, Kenneth R. *What Is Life Worth? The Inside Story of the 9/11 Fund and Its Effort to Compensate the Victims of September 11th*. New York: PublicAffairs, 2006.

———. *Who Gets What?* New York: PublicAffairs, 2012.

认知科学与行为经济学

Bloom, Paul. *Against Empathy*. New York: Ecco, 2016.

Kahneman, Daniel. *Thinking, Fast and Slow*. New York: Farrar, Straus and Giroux, 2011.

生育计划

Connelly, Matthew. *Fatal Misconceptions*. Cambridge, MA: Belknap Press, 2008.

哲学

Sandel, Michael. *Justice: What's the Right Thing to Do?* New York: Farrar, Straus and Giroux, 2008.

———. *What Money Can't Buy: The Moral Limits of Markets*. New York: Farrar, Straus and Giroux, 2013.

其他

Pinker, Steven. *Better Angels or Our Nature*. New York: Penguin Random House Books, 2012.

致　谢

本书从最初的概念到最后的成稿，经历了漫长的历程。在构思、研究、打草稿、编辑、编辑、编辑……再编辑，最终完成这部作品的过程中，我经历了多个高潮和低谷。为完成本书，我学习了科学、历史、伦理和写作方面的许多知识，也收获了一些关于工作和生活的重要启示。

我非常感谢每一个在这个过程中提供反馈、指导、支持和鼓励的人。

我首先想感谢帮助我修改初稿的人。艾伦·弗里德曼（我的父亲）、杰罗尔德·弗里德曼（我的兄弟）和安·弗里德曼（我的母亲）都好心地阅读了最粗糙的初稿，并提供了建设性的反馈意见。

我从菲尔·巴斯琴那里收获了出色的研究和写作建议，他还和我一起做头脑风暴。

其他提供有益反馈的有杰弗里·陈、纳比勒·库雷希、保罗·维尔德曼、克里斯·埃什尔曼、斯坦·伯恩斯坦、斯科特·沃尔什、杰夫·沃林斯基、萨拉·威尔逊·霍、霍利·伯克利·弗莱彻、彼得·斯坦梅茨、迈克尔·弗里德曼、尼古拉斯·奥布赖恩、拉尔夫·哈克特、胡里奥·鲁伊斯、卡罗勒·比奥、加布里埃拉·阿门塔、杰里米·弗里德曼、劳拉·阿戈斯塔、凯文·弗莱彻、赫里斯托斯·康斯坦丁尼迪斯、贾森·布卢姆、达尼洛·穆拉、A.希瑟·科因、布恩·平、萨米埃尔·桑帕特、乔希·克鲁利维茨、斯凯·西尔弗斯坦－比塔莱，以及纽约市警察局的一名非常特殊的成员。

我的经纪人詹姆斯·莱文和我的编辑内奥米·施耐德在从草稿到最后成稿的过程中提供了出色的指导。吉纳维芙·瑟斯顿在改进文本和确保概念表达清楚方面给予了很大帮助。

我非常感谢许多关键人物的鼓励，包括安德烈埃·赫斯特、艾丽斯·马特尔、安杰拉·巴盖塔、布里奇特·弗兰纳里－麦科伊、马修·康奈利、萨沙·阿布拉姆斯基、查尔斯·肯尼和安德鲁·巴切维奇，以及斯蒂芬·平克和贾雷德·戴蒙德。

在写作本书的过程中，阿瑟·戈德瓦格是一位了不起的朋友、引路人和导师。

我感谢为这个项目奉献了大量时间的审稿人，包括伊娃·韦斯曼、保罗·瑟曼和金·斯威尼。

我想感谢我的另一半（Shui Chen），她耐心地支持我的写作，并为我提供了宝贵的建议。

最后，我想感谢普拉卡什·纳瓦拉特南。多年来，他一直是我的好朋友、科学合作者、商业伙伴和头脑风暴伙伴。没有与他的讨论、友谊和伙伴关系，就没有本书。

图书在版编目(CIP)数据

人命如何定价?:美国社会衡量生命价值的迷思与
不公/(美)霍华德·史蒂文·弗里德曼著;方宇译
. —上海:上海书店出版社,2023.11
书名原文:Ultimate Price：The Value We Place
on Life
ISBN 978-7-5458-2312-7

Ⅰ.①人… Ⅱ.①霍… ②方… Ⅲ.①生命哲学—研
究 Ⅳ.①B083

中国国家版本馆 CIP 数据核字(2023)第 157274 号

责任编辑 范 晶
营销编辑 王 慧
装帧设计 裴雷思

人命如何定价？美国社会衡量生命价值的迷思与不公
[美]霍华德·史蒂文·弗里德曼 著 方 宇 译

出 版 上海书店出版社
　　　　 (201101 上海市闵行区号景路 159 弄 C 座)
发 行 上海人民出版社发行中心
印 刷 上海商务联西印刷有限公司
开 本 787×1092 1/32
印 张 9.5
字 数 170,000
版 次 2023 年 11 月第 1 版
印 次 2023 年 11 月第 1 次印刷
ISBN 978-7-5458-2312-7/B·130
定 价 69.00 元